Le Corbusier 1965–1969

Le Corbusier

Œuvre complète 1965–1969
Les dernières Œuvres
The Last Works
Die letzten Werke

W. Boesiger (Ed.)

Birkhäuser Publishers
Basel · Boston · Berlin

A CIP catalogue record for this book is available from the Library of Congress, Washington D.C., USA.

Redaction et traduction: H. R. Von der Mühll, Lausanne
Traduction anglaise: Henry A. Frey, Zurich

Information bibliographique de la Bibliothèque Allemande
La Bibliothèque Allemande est dépositaire de cette publication dans sa bibliographie nationale; les données bibliographiques détaillées peuvent être consultées sur
http://dnb.ddb.de

© 1995 Birkhäuser – Éditions d'Architecture, Boîte Postale 133, CH-4010 Bâle, Suisse
Membre du groupe d'éditeurs spécialisés Springer Science+Business Media

Septième édition 2006
(Édition originale 1970)

© 1995 Fondation Le Corbusier, Paris, pour l'ensemble de l'oeuvre de Le Corbusier.

Imprimé sur papier sans acide, composé de tissues cellulaires blanchis sans chlore. TCF ∞
Imprimé en Allemagne

ISBN-10: 3-7643-5510-7
ISBN-13: 978-3-7643-5510-4

Volume 1-8, Set:
ISBN-10: 3-7643-5515-8
ISBN-13: 978-3-7643-5515-9

www.birkhauser.ch

9 8 7 6 5 4 3 2

Dans le volume 7 (1957–1965) H. Girsberger notait: «Le Corbusier est enlevé en pleine réalisation de projets importants. Sa mort soudaine correspond à la grandeur solitaire de cet architecte et artiste précurseur.»

Entre temps, un certain nombre de constructions et de projets ont été réalisés ou achevés. Par ailleurs, il n'avait pas été possible de publier dans le volume 7 quelques œuvres dont la documentation photographique manquait encore.

Nous avons recherché, d'autre part, des œuvres inédites, comme le Musée de la Connaissance et la Tour des Ombres à Chandigarh ainsi que les nombreuses tapisseries disposées dans le palais de Justice et dans le Parlement.

Les projets de l'hôpital de la ville de Venise continuent à être développés par d'anciens collaborateurs de Le Corbusier qui espèrent parvenir à les exécuter, aussi avons-nous retenu dans ce volume les ultimes travaux de Le Corbusier comprenant les dernières esquisses existantes.

Les études pour le Musée du XXe siècle, dont le gouvernement français avait confié en 1965 le gigantesque mandat à Le Corbusier, sont restées à l'état d'ébauches; mais nous avons tenu à publier ici la suite des études faites par le bureau d'André Wogenscky, afin de témoigner de l'importance de cet immense programme.

Quant au projet de l'église de Firminy-Vert, le député-maire Claudius Petit espère pouvoir le réaliser.

Mais je tiens tout particulièrement à faire appel à la conscience universelle en ce qui concerne l'achèvement du Capitole de Chandigarh, où le palais du Gouverneur, le monument de la Main Ouverte et la Tour des Ombres avec la Fosse de la Considération sont restés en plan. Il ne devrait pas être admis que cet ensemble monumental, harmonieux et symbolique restât inachevé pour des raisons de pénurie des capitaux.

Dans les dernières pages de ce livre nous avons reproduit, à part quelques peintures et quelques sculptures, le dernier texte dicté par Le Corbusier. Il est remarquable à tous les égards et constitue un document important d'une valeur humaine durable.

Je ne voudrais pas terminer ce dernier volume sur l'œuvre de Le Corbusier sans exprimer ma reconnaissance aux nombreux architectes que j'ai rencontrés au cours des années de mon activité à la rue de Sèvres. Ils ont été des collaborateurs d'un grand dévouement malgré que je les aie souvent tourmentés pour obtenir la documentation que l'on retrouve dans la série des volumes publiés par mes soins.

Il y aurait tant à écrire encore sur les jours et les heures que j'ai passés en compagnie de Le Corbusier à la rue de Sèvres, chez lui à la rue Nungesser-et-Coli ou dans sa cabane au Cap Martin. Que d'heures d'entretien et de gaieté avec lui et avec sa femme Yvonne en buvant un pastis.

Ce qui me comble de satisfaction c'est le fait que les Editions d'Architecture, Artemis, aient consenti à présenter en couleurs un grand nombre d'illustrations dans ce dernier volume, ce qui explique et enrichit la présentation des œuvres de Le Corbusier, pour qui la polychromie était un des éléments les plus expressifs de l'architecture.

W. Boesiger

Zurich, mai 1969

In volume 7 (1957–1965) Dr. H. Girsberger wrote as follows: "Le Corbusier was prevented by sudden death from realizing a number of major plans; the very manner of his passing symbolizes the lonely greatness of this pioneer architect and artist."

In the meantime a number of buildings and plans have been executed or completed. Moreover, some projects could not be included in the 7th volume, since the necessary photographic material was lacking.

We have also tracked down a number of works never previously published, such as, in Chandigarh, the Museum of Knowledge and the Tower of the Shadows and the many tapestries in the Palace of Justice and the Parliament.

The hospital plan for the municipality of Venice is being continued in Paris by former associates of Le Corbusier. They hope to realize this project, and therefore the last works of Le Corbusier are included in this volume. This Venice project also comprises the last sketches by Le Corbusier that are still available.

As for the Museum of the 20th Century, a huge project entrusted to Le Corbusier in 1965, work has bogged down in the preliminary study phase. Nevertheless, we have published in this volume the later continuation by the Atelier André Wogenscky in order to put on record some idea of the scope of this assignment.

Furthermore, Claudius Petit hopes that he will be able to carry out the church project for Firminy-Vert.

However, my particular aim in this volume is to call for a long overdue realization of a project: The Capitol in Chandigarh, where the Governor's Palace, the Monument of the Open Hand and the Tower of the Shadows with the Trench of Consideration still await execution. This unique manifestation of architectural monumentality and harmony which has been created here in India with limited financial resources cannot remain unfinished.

In the final pages of this work, along with a number of pictures and sculptures, there is presented the last text dictated by Le Corbusier. It is remarkable in every respect, and is from the human standpoint a highly representative document of our age.

I should not like to conclude this final volume on Le Corbusier without thanking the many architects whom I met in all the decades of my activity in the Atelier in the rue de Sèvres for their ever generous cooperation. I have troubled them often enough in order to collect material for the different volumes.

Much more could be said, to be sure, especially about the many hours and days I spent with Le Corbusier in the rue de Sèvres, at his home in the rue Nungesser-et-Coli or at his vacation retreat at Cap Martin. With him and his wife Yvonne, I have whiled away many pleasant hours of discussion, and relaxation with a *pastis*.

In this last volume of the Œuvres complètes, Artemis Architectural Publishers have kindly permitted me to use a large number of illustrations in colour, and this is particularly gratifying to me. The use of colour helps to enrich and clarify our understanding of Le Corbusier's great achievement, for he regarded polychromy as an essential expressive element of his architecture.

W. Boesiger

Zurich, May 1969

Im Band 7 (1957–1965) schrieb Dr. H. Girsberger: «Le Corbusier wurde mitten aus der Realisierung bedeutendster Projekte gerissen; sein jäher Tod entspricht der einsamen Größe dieses bahnbrechenden Architekten und Künstlers.»
Inzwischen sind eine Anzahl von Bauten und Projekten ausgeführt oder fertiggestellt worden. Ferner konnten einige Arbeiten im Band 7 nicht mehr publiziert werden, da das dazu notwendige Photomaterial fehlte.
Wir sind auch einigen nie veröffentlichten Werken nachgegangen, wie zum Beispiel in Chandigarh dem Museum des Wissens und dem Turm der Schatten und den vielen Tapisserien im Justizpalast und Parlament.
Das Spitalprojekt für die Stadt Venedig wird in Paris von ehemaligen Mitarbeitern Le Corbusiers weiterbetreut. Sie hoffen auf eine Realisierung, weshalb die letzten Arbeiten von Le Corbusier in diesem Band festgehalten werden. Zu diesem Venedig-Projekt gehören auch die letzten noch vorhandenen Skizzen von Le Corbusier.
Das Museum des 20. Jahrhunderts, das von der französischen Regierung als Mammutauftrag im Jahre 1965 Le Corbusier übergeben wurde, ist in den Vorstudien steckengeblieben. Trotzdem haben wir die spätere Weiterbearbeitung aus dem Atelier André Wogenscky in diesem Band veröffentlicht, um den Umfang dieses Auftrages zu dokumentieren.
Dann hofft Claudius Petit, das Kirchenprojekt für Firminy-Vert ausführen zu können.
Aber ganz besonders liegt mir daran, an eine nachträgliche Realisierung zu appellieren: Das Capitol in Chandigarh, wo der Gouverneurspalast, das Monument der Offenen Hand und der Turm der Schatten mit der «Fosse de la Considération» (Graben der Kontemplation) noch der Ausführung harren. Die einzigartige Manifestation architektonischer Monumentalität und Harmonie, wie sie hier in Indien unter dem Diktat finanzieller Knappheit entstanden ist, kann nicht unvollendet bleiben.

Auf den letzten Seiten dieses Buches wird neben einigen Bildern und Plastiken auch der letzte, von Le Corbusier diktierte Text wiedergegeben. Er ist in jeder Beziehung bemerkenswert und vom menschlichen Standpunkt aus ein Zeitdokument.
Ich möchte diesen letzten Band über Le Corbusier nicht abschließen, ohne den vielen Architekten, denen ich in den Jahrzehnten meiner Tätigkeit im Atelier an der Rue de Sèvres begegnet bin, für ihre jeweilige aufopfernde Mitarbeit zu danken. Ich habe sie oft genug geplagt, um Material zu den verschiedenen Bänden zusammenzutragen.
Es wäre noch über vieles zu schreiben, besonders auch über die vielen Stunden und Tage, die ich mit Le Corbusier an der Rue de Sèvres, bei ihm zu Hause an der Rue Nungesser-et-Coli oder in seiner Ferienklause in Cap Martin verbrachte. Ich habe mit ihm und seiner Frau Yvonne viele Stunden der Auseinandersetzung oder des Humors bei einem Pastis verbracht.
Was mich bei diesem letzten Band der Œuvres complètes besonders freut, ist die Zustimmung des Verlages für Architektur, Artemis, daß ich eine große Zahl farbiger Bilder verwenden konnte. Dies bereichert und erklärt vieles über das große Werk Le Corbusiers, denn die Polychromie bedeutete für ihn einen wesentlichen Ausdruck in seiner Architektur.

W. Boesiger

Zürich, im Mai 1969

Le Corbusier (1965). La plupart des croquis ont été fait par crayons à couleurs qu'il portait toujours avec lui, reliés par un élastique.

Le Corbusier (1965). Most of the sketches were done with coloured pencils, which he always carried about with him bound together with a rubber band.

Le Corbusier (1965). Die meisten Skizzen sind mit Farbstiften, die er immer, durch ein Gummiband festgehalten, bei sich trug, gezeichnet worden.

Firminy-Vert par Eugène Claudius Petit

Les deux plans d'urbanisme pour Firminy-Vert, le premier, qui fut pratiquement réalisé en neuf années, et le second, qui est en cours de réalisation, ont été chargés d'intentions:

a) poser les bases d'un renouveau humain, familial, social; faire vraiment la révolution dans les gestes de la vie quotidienne, ce qui touche directement la femme, la mère de famille, et dont dépendra largement le comportement des enfants.

b) créer le site, le paysage urbain de chaque jour; créer les espaces et les volumes, les formes et les couleurs; faire, avec des réalisations utilitaires judicieusement ordonnées, agencées, composées, l'histoire de la ville, puisque rien n'était resté de son histoire passée.

Il a donc été beaucoup demandé aux architectes ou urbanistes afin que la médiocrité soit chassée, que le banal soit évité, que le pastiche fut écarté afin que, dans la pauvreté des moyens accordés, la beauté retrouve à Firminy droit de cité.

Les premiers travaux furent les premières étapes d'une évolution qui s'affirma par l'intérêt porté par la population au caractère des réalisations et à la satisfaction qu'elle marqua de voir associé à l'œuvre collective le plus grand architecte contemporain.

Le stade d'abord, la Maison de la Culture ensuite, l'Unité d'habitation enfin, étaient en cours de réalisation ou d'études quand Le Corbusier fut chargé de concevoir et de bâtir l'église St-Pierre.

Le 14 avril 1960, Le Corbusier m'écrivait: «Je pars aux Indes, content des études qui ont été faites pour Firminy.
Je crois que c'est une mise au point assez décisive de Marseille, Berlin et Cie. Avec votre aide vigilante, nous arriverons à ne pas faire des horreurs mais à faire des choses bien, ce qui est précisément le jeu à jouer et qui se joue, en fait, à rebours dans la plupart des cas.»
Il s'agissait de l'Unité d'habitation à Firminy.

Le 21 mai 1965, il visitait les travaux de l'Unité alors à la moitié de sa hauteur, après s'être longuement attardé à la Maison de la Culture récemment terminée. Il était un peu fatigué par le voyage et la visite et très ému par l'accueil que lui réservèrent la population, les entrepreneurs et les ouvriers du chantier.
Ce fut sa dernière visite à Firminy. Naturellement, il me dit son impatience de voir construire l'église. Il redoutait les embûches mais il avait confiance en l'obstination de ceux qui l'avaient appelé.

«Nous avons exposé à notre Evêque notre résolution de voir notre église bâtie par Le Corbusier. Monseigneur n'est pas contre a priori si Le Corbusier faisait une église valable . . . C'est un prélat qui comprend les choses et dont la pensée va vers une église simple, mais belle et représentative, pour le futur, de notre architecture contemporaine . . .» écrivait le président de l'association paroissiale, le 23 mars 1960.

Ils ne veulent pas de faux-semblant, ils veulent du vrai. Ils ne désirent ni la richesse des moyens ni la curiosité technique. Ils désirent que l'esprit anime la pauvre matière et donne un sens aux volumes, à l'espace, à la lumière. Une méditation devenue réalité. Ils pensent que Le Corbusier mieux qu'un autre peut donner cela; je crois qu'ils ont raison, écrivai-je à quelqu'un.

Le 30 janvier 1962 l'un des architectes conseils du diocèse écrivait: «C'est un bonheur trop rare pour le diocèse de voir la place de l'église réservée avec le souci de recherche d'une parfaite relation aux quartiers nouveaux.»

Le 19 juin 1960, Le Corbusier vint à Firminy pour déterminer l'emplacement de l'église. Carnet de croquis et crayon en mains il parcourut Firminy-Vert, dessinant les collines d'alentour et les volumes bâtis, fixant d'un mot la couleur des choses, la signification de leur importance. Il monta au plus haut, observa avec son acuité singulière et coutumière et, lentement, descendit vers l'endroit où il la situa.

Il m'est arrivé d'écrire à des hésitants: «Comprendre la signification globale d'une telle réalisation. Le plus grand architecte, qui refusa une cathédrale dans le nord de l'Italie . . . qui accepte de construire une église dépouillée, comme il convient à la pauvreté inconcevable sans dignité – et là, c'est l'architecture qui apporte la dignité – au milieu d'un quartier qui marque le renouveau d'une ville ouvrière. Une église rude, modeste, pauvre dans l'esprit, forte par l'affirmation d'une volonté, où la lumière, comme à Ronchamp, comme aux Tourettes, sera déjà prière.»

Sept mois avant sa mort, Le Corbusier envoyait à l'abbé Tardy, qu'un accident stupide nous enleva, sa dernière lettre concernant l'église. Quel bel ouvrier, consciencieux et fier de son ouvrage apparait sous les simples mots de tous les jours! Quelle volonté s'en dégage et, surtout, quelle assurance dans l'espérance! C'était le 28 janvier 1965.

Le Corbusier: «Tout cela a demandé de nombreuses semaines de patients efforts, de mises au point, de recherches obstinées pour atteindre, par une organisation détaillée des différentes opérations, par une élimination systématique de l'inutile ou de superflu, un prix global voisin du prix fixé au contrat . . .
J'ai été chargé d'un travail. Je l'ai fait en conscience. J'ai accepté, avec humilité m'avez vous dit ce jour-là, de recommencer tout quand j'étais parti sur un programme trop largement vu. J'ai fait des plans détaillés et précis et les maquettes d'études. J'ai permis la discussion avec l'entreprise. J'ai lutté avec des matériaux, les formes, l'entreprise. J'ai rempli toutes les conditions du contrat. J'ai fait mon travail. Je me sens plus lié que jamais par cette œuvre qui est nôtre . . . Et je ne peux pas envisager autre chose à présent que l'ouverture du chantier, pour la plus grande joie spirituelle de tous.»

Le 27 juillet 1965. Le Corbusier m'appelait rue de Sèvres pour

me montrer une esquisse d'un aménagement d'un secteur de Paris, dont l'audace consciente était bouleversante. Une idée simple, logique, évidente, efficace, forte . . .
Le 27 août, Firminy pleurait celui qui lui avait tant donné. Sur les chantiers, les travaux continuaient et d'autres s'ouvriront «pour la plus grande joie spirituelle de tous».

21 juillet 1969

Firminy-Vert by Eugène Claudius Petit

The two reorganization plans for Firminy-Vert (the first was realized in nine years, and the second is now being executed) embody certain definite intentions:

a) to lay the foundations for a renaissance of the human being, the family, society; to effect an authentic revolution in the gestures of everyday life, which directly affects women, mothers, and which largely determines the behaviour of children.

b) to create the site, the everyday urban landscape; to create spaces and volumes, shapes and colours; to make the history of the town by means of utilitarian constructions that are judiciously ordered, managed, composed, seeing that nothing has remained of the town's past.

Thus a great deal was demanded of the architects or town-planners if mediocrity was to be banned, banality avoided, the effect of pastiche eliminated; if, within the scope of the limited means available, beauty was to effect a re-entry at Firminy.

The first operations here were the first stages of a growth which was encouraged by the lively interest taken by the local people in the project and by their satisfaction at seeing the greatest living architect associated with the joint undertaking.

First the stadium, then the House of Culture, finally the "Unité d'habitation", were either being executed or were at study phase when Le Corbusier was asked to design and build the church of St. Peter.

On April 14, 1960, Le Corbusier wrote to me as follows: "I am off for India, satisfied with the studies that have been made for Firminy.

I believe that it is a rather decisive perfecting of Marseilles, Berlin and Co. With your vigilant assistance, we shall succeed in not producing something horrible, but in doing the job well, which is exactly the game to be played and which, in fact, is played the wrong way in most cases."

He was referring to the Unité d'habitation at Firminy.

On May 21, 1965, he was visiting the work in progress on the Unité when it was up to half its full height; he had just spent a considerable time at the House of Culture, which had recently been finished. He was rather tired out by the trip and the visit and deeply moved by the reception he received from the local people, the contractors and the construction workers.

This was his last visit to Firminy. Naturally he told me how impatient he was to see the church built. He was dreading pitfalls, but he had full confidence in the perseverance of those who had summoned him.

"We have made it clear to our Bishop that we are determined to have our church built by Le Corbusier. His Lordship is not opposed to the idea *a priori* if Le Corbusier creates a fitting church ... He is a prelate who knows what's what and who has in mind a church that is simple in design but beautiful and representative, for the future, of our contemporary architec-

ture ..." wrote the President of the Parish Association on March 23, 1960.

They do not want any pseudo-building, they want something real. They wish neither abundance of materials nor technical sensationalism. They wish the spirit to animate the dead material and invest the volumes, space, light, with meaning. A meditation realized. They believe that Le Corbusier, better than anyone else, can do that; I believe they are right, I wrote to someone in a letter.

On January 30, 1962, one of the consulting architects from the diocese wrote as follows: "It is a stroke of fortune that is too rare for the diocese to see the church square conceived in such perfect relation to the new districts of the town."

On June 19, 1960, Le Corbusier came to Firminy to decide on the location of the church. Sketchbook and pencil in hand, he wandered through Firminy-Vert, sketching the hills round about and the already existing buildings, noting in a word the colour of objects, their significance. He climbed up to the highest point, observed everything with his peculiar acuity of vision and, slowly, he walked down to the very spot where he sited the church.

I happened to write the following to some people who had their doubts: "To understand the overall meaning of such a project! The greatest architect of all, who turned down a cathedral in northern Italy ... who accepts the assignment of building a simple church, the only kind that can lend dignity to poverty – the dignity resides in the architecture – in the midst of a district of a working-class town that is undergoing renewal. A rough church, modest, poor in spirit, strong in its affirmation of a will, where the very light, as at Ronchamp, as at Tourettes, is already a prayer."

Seven months before his death, Le Corbusier sent to Abbé Tardy, taken from us by a stupid accident, his last letter regarding the church. What a fine worker, conscientious and proud of his work, emerges behind the simple everyday language! What willpower is evident here and, above all, what assurance and hope! It was January 28, 1965.

Le Corbusier: "All that required many weeks of patient effort, of adjustments, of persistent study, in order to arrive at an overall cost figure somewhere in the neighbourhood of the figure fixed in the contract; all this called for a detailed organization of the different operations, a systematic elimination of the useless or the superfluous ...

I have been entrusted with a piece of work. I have done it conscientiously. I have accepted the responsibility, with humility, you said to me on that occasion, of starting again from the beginning after I had launched on too ambitious a programme. I have made detailed and precise plans and study models. I have permitted negotiations with the contractors. I have

struggled with materials, shapes, the contractors. I have met all the conditions of the contract. I have done my job. I feel obligated more than ever by this work which is ours ... And I cannot imagine now anything but the commencement of construction, for the greater spiritual delight of all of us."

July 27, 1965. Le Corbusier called me to the rue de Sèvres to show me a sketch he had done for the reorganization of a sector of Paris, the deliberate audacity of which was overwhelming. An idea that was simple, logical, plain, efficacious, strong ...

On August 27, Firminy was mourning the man who had given it so much. On the construction site the work went on and others will be commenced "for the greater spiritual delight of all of us".

July 21, 1969

Firminy-Vert von Eugène Claudius Petit

Die zwei Stadtplanungen für Firminy-Vert, wovon die erste praktisch innerhalb von neun Jahren verwirklicht worden ist und die zweite im Begriff steht, ausgeführt zu werden, verfolgen folgende Absichten:

a) Schaffung der Grundlagen für ein neues Wohnen in menschlicher, familiärer und sozialer Hinsicht; Umwertung des täglichen Ablaufes, insbesondere in Rücksicht auf die Frau, die Mutter, was das Verhalten der Kinder weitgehend mitbestimmen dürfte.

b) Gestaltung der Umgebung, des städtischen Alltags. Gestaltung von Raum und Masse, von Form und Farbe; Wiederherstellung der geschichtlichen Grundlage unter Erneuerung der zweckdienlichen Anlagen in neuer Anordnung und Verteilung, insofern von den historischen Resten nichts mehr vorhanden war.

Infolgedessen standen die Architekten und Stadtplaner vor gewaltigen Aufgaben, um das Durchschnittliche zu verbannen, die Banalität zu verhüten, die Kopien zu vermeiden, mit einem Wort: um trotz kargen Mitteln der Schönheit neue Bahnen in Firminy zu öffnen.

Die ersten Arbeiten bedeuteten die Anfangsstufe einer Entwicklung, bei welcher zunächst das Interesse der Bevölkerung wach wurde, sich dann aber zu einer wirklichen Begeisterung steigerte im Bewußtsein, daß dieses Gesamtwerk dem größten zeitgenössischen Architekten anvertraut worden sei.

Das Stadion, das Haus der Kultur und der große Wohnblock waren teils geplant, teils in Ausführung begriffen, als Le Corbusier beauftragt wurde, die Petruskirche zu planen und zu bauen.

Am 14. April 1960 schrieb mir Le Corbusier: «Ich fahre nach Indien und bin froh über die Studien, die für Firminy gemacht worden sind.

Ich glaube, daß es sich um eine wichtige Weiterentwicklung von Marseille, Berlin und Co. handelt. Dank Ihrer wachen Mitarbeit wird es uns gelingen, keine Scheußlichkeiten zu bauen, sondern gute Sachen. So wollen wir das Spiel spielen, ein Spiel, das leider in den meisten Fällen verkehrt gehandhabt wird.»
Er meinte damit den Wohnblock in Firminy.

Am 21. Mai 1965 besichtigte er die Arbeiten dieses Wohnblockes, der damals auf die halbe Höhe gebracht worden war; zuvor hatte er sich lange im Haus der Kultur aufgehalten, das kürzlich vollendet worden war. Er war von der Reise und der Besichtigung etwas ermüdet; war aber über den Empfang, den ihm die Bevölkerung, die Bauunternehmer und die Arbeiter entgegenbrachten, sehr gerührt.

Es war sein letzter Besuch in Firminy. Natürlich äußerte er mir gegenüber seine Ungeduld, den Bau der Kirche beginnen zu sehen. Er war sich der Widerstände bewußt, doch hatte er sein Vertrauen gesetzt in die Hartnäckigkeit derer, die ihn beauftragt hatten.

Am 23. März 1960 schrieb der Vorsteher der Kirchgemeinde: «Wir haben dem Bischof unseren Entschluß unterbreitet, unsere Kirche durch Le Corbusier bauen zu lassen. Im Prinzip ist Seine Hochwürden nicht dagegen, wenn nur Le Corbusier eine passende Kirche baue . . . Er ist ein Geistlicher, der die Dinge begreift und dessen Ideen auf einen einfachen, aber schönen Kirchenbau hinzielen, der auch in Zukunft als Ausdruck unserer zeitgenössischen Architektur Geltung behalten müßte . . .»

Meinerseits schrieb ich an jemanden: «Sie wollen keinen falschen Schein, sie wollen Echtheit. Sie wünschen weder aufwendige Mittel noch technische Eigenheiten. Sie wollen, daß der Geist die bescheidenen Materialien belebe und den Volumen, dem Raum, dem Licht einen Sinn verleihe. Ein in die Wirklichkeit übertragener Gedanke. Sie denken, daß Le Corbusier dies besser als irgendwer bieten kann; sie haben meines Erachtens recht.»

Am 30. Januar 1962 schrieb einer der Bauberater des Bistums: «Es ist ein allzu seltenes Glück für die Diözese, daß für den Kirchenbau eine Anlage vorgesehen wird, die in bester Übereinstimmung mit den neuen Stadtteilen steht.»

Am 19. Juni 1962 kam Le Corbusier nach Firminy, um den Standort der Kirche zu bestimmen. Mit Skizzenbuch und Bleistift in der Hand durchschritt er Firminy-Vert, die umliegenden Hügel und die bestehenden Bauten umreißend; er gab Farbtöne an und unterstrich den Sinn aller Dinge. Er stieg bergwärts, beobachtete mit dem ihm eigenen Scharfsinn die Gegend, stieg wieder talwärts, langsam bis zu dem Punkte, wo er den Bau situierte.

Ich schrieb gelegentlich an Zögernde: «Man muß den höheren Sinn eines solchen Werkes erfassen. Der bedeutendste Architekt, der den Bau einer Kathedrale in Norditalien abgelehnt hat . . . und den Auftrag akzeptiert, eine unansehnliche Kirche zu bauen, wie sie der Armut zusteht, die nur als würdevoller Zustand verstanden werden darf – gewiß, und hier bringt gerade der architektonische Gehalt jene Würde – mitten in ein Arbeiterquartier hinein, das die Erneuerung der Stadt kennzeichnet. Eine rohe, einfache Kirche, bescheiden in der Anlage, jedoch bestimmt im Ausdruck eines Willens, wo schon allein das Licht wie in Ronchamp, wie in La Tourette zum Gebet wird.»

Sieben Monate vor seinem Tode sandte Le Corbusier an Pater Tardy, der uns durch Unfall entrissen wurde, seinen letzten Brief, der die Kirche betraf. Welch edler Arbeiter, welch hohes Gewissen und welch ein Stolz über sein Schaffen leuchten aus diesen alltäglichen Worten! Welch ein Wille tut sich hier kund und vor allem welche Zuversicht, welches Hoffen! Es war am 28. Januar 1965.

Le Corbusier: «All das hat zahlreiche Wochen geduldiger Anstrengung, Bereinigung benötigt, um unter hartnäckigen Un-

tersuchungen, durch eine sorgfältige Organisation der verschiedenen Phasen, unter systematischer Trennung des Unnötigen oder Überflüssigen, einen Gesamtpreis zu erwirken, der dem vertraglich festgelegten entspreche . . .
Eine Arbeit ist mir aufgetragen worden. Ich habe sie gewissenhaft geleistet. Ich habe es unternommen, mit Bescheidenheit, sagten Sie selber zu mir damals, alles von neuem zu beginnen, als ich ein zu großzügiges Projekt entworfen hatte. Ich habe genaue Ausführungspläne und Studienmodelle gemacht. Ich habe mich mit dem Bauunternehmer in Diskussionen eingelassen. Ich habe gekämpft mit den Materialien, den Formen, dem Unternehmer. Ich habe sämtliche Bedingungen des Vertrages erfüllt. Ich habe meine Arbeit geleistet. Ich fühle mich mehr als je an dieses Werk gebunden, das unser Werk ist . . . Und ich kann von jetzt an nichts dringlicher erwarten als den Beginn des Baues, zur größten geistigen Freude aller . . .»

Am 27. Juli 1965 bat mich Le Corbusier, an der Rue de Sèvres vorbeizukommen, um mir eine Skizze über die Planung eines Sektors von Paris zu zeigen, dessen bewußte Kühnheit ergreifend war. Eine einfache, logische, klare, wirkungsvolle, starke Idee . . .
Am 27. August 1965 trauerte die Stadt Firminy um den Menschen, der ihr so viel gegeben hatte. Auf den Bauplätzen gingen die Arbeiten weiter, und andere werden kommen «zur größten geistigen Freude aller».

21. Juli 1969

L'Unité d'habitation à Firminy-Vert.
The Unité d'habitation at Firminy-Vert.
Wohnblock in Firminy-Vert.

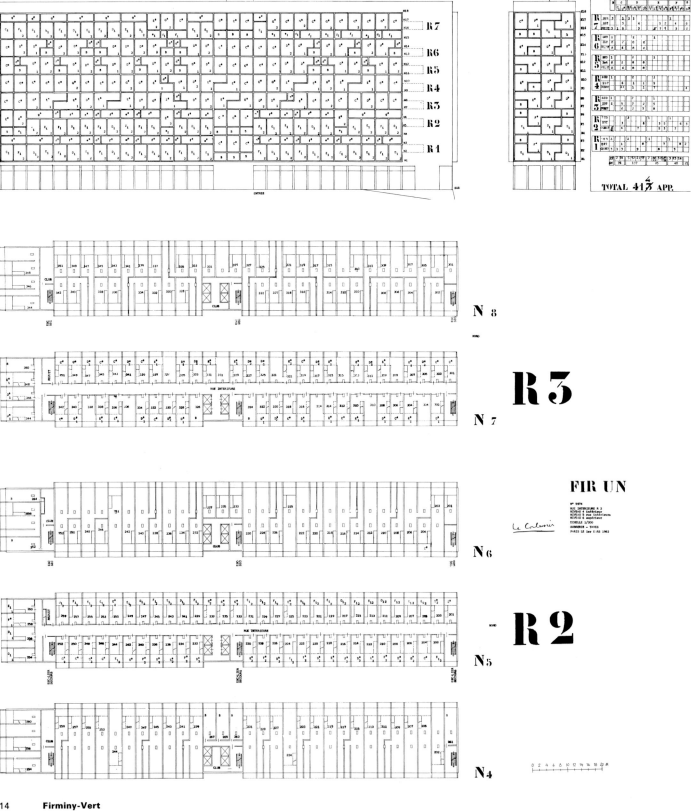

Coupe longitudinale avec schéma de la répartition des appartements.

Longitudinal section with diagram of apartment distribution.

Längsschnitt mit Schema der Verteilung der Wohnungen.

TOTAL 41̶3̶4 APP.

R 3

Niveaux 7 et 8 avec la rue intérieure 3.
Levels 7 and 8 with the internal street 3.
Stockwerke 7 und 8 mit der Innenstraße 3.

FIR UN

R 2

Niveaux 4, 5 et 6 avec la rue intérieure 2.
Levels 4, 5 and 6 with the internal street 2.
Stockwerke 4, 5 und 6 mit der Innenstraße 2.

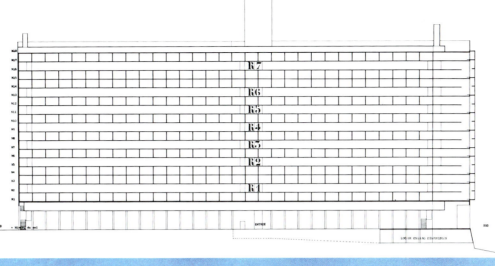

N° 5982
COUPES TYPES
LONGITUDINALE ET TRANSVERSALE
ECHELLE 1/200
OURNERIE - TAVES
PARIS LE 1er MARS 1962

Le Corbusier

Coupes avec répartitions des sept rues intérieures.
En-bas: La façade est.

Sections showing distribution of the seven internal streets.
Below: The east face.

Schnitte mit den sieben Innenstraßen.
Unten: Ostfassade.

N° 5969
APPARTEMENTS TYPES
NIVEAUX TYPES
ECHELLE 1/100
OUBRERIE – TRAVES
PARIS LE 1er MARS 1962

Les différents types d'appartements.

Les appartements sont désignés par une lettre de catégorie correspondant à:

B	1 pièce	1– 2 personnes
C	2 pièces	2 personnes
D	3 pièces	3– 4 personnes
E	4 pièces	4– 6 personnes
F	5 pièces	5– 7 personnes
G	6 pièces	6–10 personnes

Une petite lettre correspondant au type:
s   supérieur (accès par le bas de l'appartement)
i   inférieur (accès par le haut de l'appartement)

Un chiffre correspondant à l'orientation:
1   orientation unique
2   double orientation

Les appartements de catégories B et C ont une orientation unique et ne comportent pas de chiffre dans leur désignation.

The different types of apartment.

The apartments are designated by a letter indicating category as follows:

B	1 room	1– 2 persons
C	2 rooms	2 persons
D	3 rooms	3– 4 persons
E	4 rooms	4– 6 persons
F	5 rooms	5– 7 persons
G	6 rooms	6–10 persons

A small letter indicating type:
s   upper (access from below)
i   lower (access from above)

A number indicating orientation:
1   single orientation
2   double orientation

The apartments of categories B and C have a single orientation and have no number in their designation.

Die verschiedenen Wohnungstypen.

Die Wohnungen sind durch einen Buchstaben nach Kategorien bezeichnet:

B	1 Zimmer	1– 2 Personen
C	2 Zimmer	2 Personen
D	3 Zimmer	3– 4 Personen
E	4 Zimmer	4– 6 Personen
F	5 Zimmer	5– 7 Personen
G	6 Zimmer	6–10 Personen

Der kleine Buchstabe entspricht dem Typ:
s   höher gelegen (Zugang von unten)
i   tiefer gelegen (Zugang von oben)

Die Ziffer entspricht der Orientierung:
1   einseitige Orientierung
2   beidseitige Orientierung

Die Wohnungen der Kategorien B und C haben eine einseitige Orientierung und haben demzufolge keine Kennziffer.

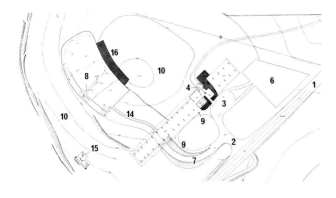

Unité d'habitation de 414 appartements. Le rez-de-chaussée.
1   Route de Firminy à Chazeau
2   Entrée des automobiles
3   Terre-plein de manœuvre des automobiles
4   Halle d'entrée et tour des ascenseurs
6   Parking visiteurs
7   Route menant aux garages
8   Garages 300 voitures (vélos et motos)
9   Route des camions
10 Parc
14 Passage couvert reliant les garages à l'Unité
15 Club de plein air (danse, théâtre, cinéma, jeux, etc.)
16 Piscine

Unité d'habitation of 414 apartments. The ground-floor.
1   Road from Firminy to Chazeau
2   Motor entrance
3   Court for backing and turning motor-cars
4   Entrance lobby and lift shaft
6   Visitors' parking
7   Roadway leading to the garages
8   Garages for 300 cars (bicycles and motorcycles)
9   Roadway for trucks
10 Park
14 Covered passage connecting the garages with the Unité
15 Open-air club (dancing, theatre, cinema, games, etc.)
16 Swimming-pool

Wohnblock mit 414 Wohnungen. Erdgeschoß.
1   Straße von Firminy nach Chazeau
2   Einfahrt der Autos
3   Operationsbasis für Autos
4   Eingangshalle und Aufzüge
6   Parkplatz für Besucher
7   Straße zu den Garagen
8   Garage 300 Wagen (und Fahrräder und Motorräder)
9   Straße für Lastwagen
10 Parkplatz
14 Gedeckter Gang von der Garage zum Wohnblock
15 Freiluftklub (Tanz, Theater, Kino, Spiele usw.)
16 Schwimmbassin

Détail de la façade est. Les couleurs n'ont plus pu être déterminées par Le Corbusier.

Detail of the east face. The colour scheme could not be worked out by Le Corbusier.

Detail der Ostfassade. Die Farbzusammenstellung hat nicht mehr von Le Corbusier bestimmt werden können.

Le bas-relief au rez-de-chaussée de la cage d'escalier de l'Unité.

The bas-relief on the ground floor of the stairwell of the Unité.

Das Reliefbild im Erdgeschoß des Treppenhauses im Wohnblock.

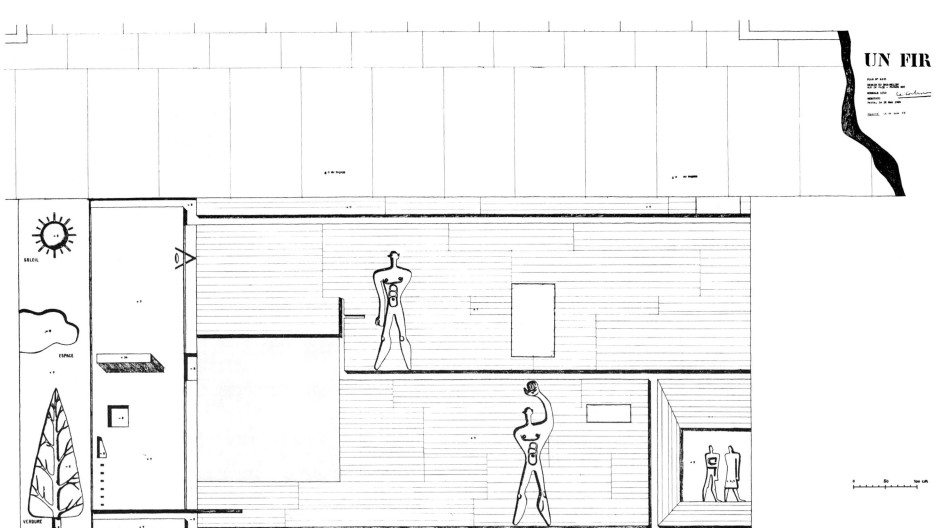

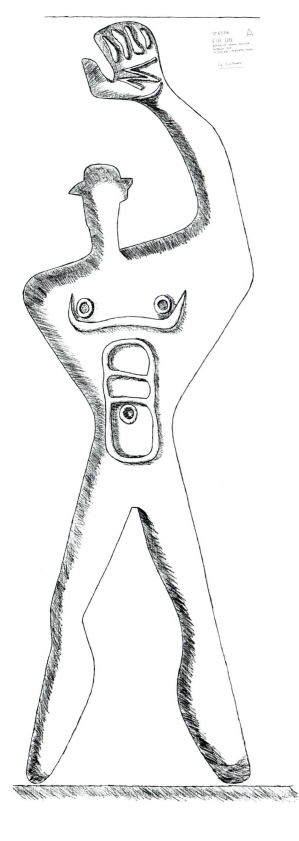

A gauche: «L'Homme Modulor.» Le dessin destiné à l'exécution du négatif en bois.
A droite: Le bas-relief de «l'Homme Modulor» dans le béton. Hauteur 2,26 m.

Left: «The Modulor Man.» Execution of negative of drawing intended in wood.
Right: The bas-relief of the "Modulor Man" in concrete. Height 2.26 m.

Links: Der «Modulor-Mensch». Die Zeichnung zur Ausführung des Negativs in Holz.
Rechts: Die Relieffigur des «Modulor-Menschen» in Beton. Höhe 2,26 m.

Le toit de l'Unité. Il contient: crèche pour enfants, nurseries, écoles, salle de gymnastique, etc.
A droite: Un corridor sur le toit.

The roof of the Unité. It contains: nursery for infants, schools, gymnasium, etc.
Right: A corridor on the roof.

Das Dach des Wohnblocks mit Kinderkrippe, Kinderstuben, Klassen, Turnsaal usw.
Rechts: Ein Laufgang auf dem Dach.

Vue dans une classe.
La page à droite: L'école enfantine sur le toit.
Un poste sanitaire pour les enfants.

View into a classroom.
On the right page: The nurseries on the roof.
Lavatory for the children.

Blick in ein Klassenzimmer.
Rechte Seite: Der Kindergarten auf dem Dach.
Eine Abortanlage für die Kinder.

La grande terrasse sur le toit de l'Unité.
The broad terrace on the roof of the Unité.
Die große Dachterrasse des Wohnblocks.

L'Unité d'habitation domine la colline.
The Unité d'habitation dominates the hill.
Der Wohnblock beherrscht den Hügel.

La Maison des Jeunes et de la Culture, Firminy-Vert

Le bâtiment de 112 mètres de longueur est composé de 16 travées de 7 mètres coupées par deux joints de dilatation.

La toiture suspendue de portée théorique de 18,25 m présente en coupe, une parabole dissymétrique ayant une flèche de 1,30 m. Les appuis sont dénivelés de 2,95 m environ.

La couverture en dalles «Célium» repose sur 132 câbles représentant une longueur totale de 2500 mètres, composés chacun de 19 fils de 38/10. Les câbles sont groupés deux par deux, espacés de 235 mm; l'entr'axe de ces groupes étant de 1,75 m.

Au droit des pignons et des joints de dilatation, le premier câble est placé à 41 cm de l'axe du joint et à 34 cm du pignon, les dalles Célium étant en porte à faux sur ces câbles.

Chaque câble est terminé à ses extrémités par un culot.

Chaque axe est maintenu dans la position horizontale par deux bielles de ∅ 36 mm pourvues d'œillet et dans la position verticale par des chaises en acier soudé.

Ces bielles sont fixées aux poutres de rive en béton armé par des fourreaux en tube de 60/70 traversant ces dernières et mis en place au coulage des poutres B. A., transmettant ainsi les efforts de traction à l'ossature en béton armé.

Cette disposition a permis de rendre la toiture complètement indépendante de l'ossature.

La mise en place de ces fourreaux a été faite au mm près et ce, notamment sur la façade est, de façon à donner des hauts et des bas de pente nécessaires à l'évacuation des eaux qui se fait à l'aide de deux gargouilles placées à chaque pignon.

Le réglage de la toiture est possible, soit de l'intérieur en agissant sur les étriers des câbles, soit de l'extérieur en agissant sur les écrous d'attache des bielles.

Le poids permanent de la toiture est de 80 kg/m² environ, il a été pris une surcharge climatique de 75 kg/m² et une variation de température de ± 27 °C.

Les dalles de couverture sont en béton cellulaire autoclavé Célium de 10 cm d'épaisseur; elles reposent directement sur les câbles.

Elles ont été choisies pour leur isolation thermique et pour leur qualité autoportante, une armature étant placée à la partie inférieure à leur fabrication.

Les dalles sont fixées aux câbles par l'intermédiaire d'étriers et plaques galvanisés.

Les joints sont bourrés au mortier de façon à réaliser un ensemble rigide sur lequel a été mis en œuvre le complexe d'étanchéité.

L'ensemble toiture étant complètement indépendant des longs pans et des pignons. Les relevés ont été réalisés en tôle galvanisée recouverte par l'étanchéité.

Dans la hauteur du dernier niveau, les cloisons intérieures ont été désolidarisées du complexe toiture pour tenir compte du mouvement de dilatation de cette dernière, et le vide a été obturé à l'aide de bandes caoutchouc collées à la fois sur les dalles et sur le haut des cloisons.

En-haut: Vue sur la ville de Firminy-Vert près de St-Etienne. Au premier plan à droite la Maison des Jeunes construite en 1961–1965. Tout en-haut à gauche sur la colline, l'Unité d'habitation de Le Corbusier.

Above: View on to the town of Firminy-Vert near St-Etienne. In foreground, right, the Youth Centre built between 1961 and 1965. Top left, on the hill, the Unité d'habitation by Le Corbusier.

Oben: Blick auf die Stadt Firminy-Vert bei St-Etienne. Im Vordergrund rechts das in den Jahren 1961–1965 erbaute Jugendhaus. Ganz oben links auf dem Hügel die Unité d'habitation von Le Corbusier.

En-bas: La Maison des Jeunes. La façade est avec la rampe conduisant à l'entrée principale.
Below: The Youth Centre. The east face with the ramp leading to the main entrance.
Unten: Das Jugendhaus. Die Ostfassade mit der Rampe zum Haupteingang.

The Youth Centre and House of Culture, Firminy-Vert

The building, 112 metres in length, is composed of 16 spans measuring 7 metres intersected by two expansion joints.

The suspended roof structure, with a theoretical span of 18.25 m, presents, in section, an asymmetrical parabola with a rise of 1.30 m. The supports are sunk by about 2.95 m.

The covering of "Celium" plates rests on 132 cables representing a total length of 2500 metres, each composed of 19 strands of 38/10. The cables are grouped two by two, spaced 235 mm; the axial distance amounts to 1.75 m.

To the right of the gables and the expansion joints, the first cable is positioned 41 cm from the joint axis and 34 cm from the gable, the Celium plates forming a canopy over these cables. Each cable ends at its extremities in a cap.

Each axis is maintained in a horizontal position by two tie-rods of ∅ 36 mm provided with eyes and in vertical position by brackets of welded steel.

These rods are fixed to the peripheral beams of reinforced concrete by means of tubular casing of 60/70 crossing the latter and positioned at the break out of the reinforced concrete beams, thus transmitting the force of traction to the reinforced concrete skeleton.

This arrangement has made possible the complete independence of the roof from the skeleton.

The positioning of these cases has been effected with milli-metre precision, this being done, especially on the east face, in such a way as to give the tops and the bottoms sufficient pitch for water to run off, drainage being effected by means of two spouts placed at each gable.

The roof can be regulated, on the inside by operating the braces on the cables, or on the outside by adjusting the tie-rod screws. The permanent weight of the roof structure is approximately 80 kg/m²; a climatic test weight of 75 kg/m² has been allowed for and a temperature variation of ± 27 °C.

The roofing plates are of Celium auto-matted cellular concrete 10 cm thick; they rest directly on the cables.

They were selected for their heat insulation property and for their self-carrying property, an armature having been placed at the bottom at the works.

The plates are fixed to the cables by means of stirrup braces and galvanized plaques.

The joints are caulked with mortar so as to create a rigid whole on which there has been applied the insulating compound.

The whole roof structure is completely independent of the long wall sections and gable ends. The rises are of galvanized sheet metal covered with the insulating compound.

At the height of the last level, the inside partitions have been detached from the roof structure to allow for the expansion of the latter, and the cavity has been stopped by means of glued rubber stripping both on the plates and on the tops of the partitions.

Une partie de la façade est avec la rampe d'accès.
A detail from the east face with the entrance ramp.
Ein Ausschnitt aus der Ostfassade mit der Eingangsrampe.

Das Haus der Jugend und der Kultur, Firminy-Vert

Das 112 Meter lange Gebäude setzt sich aus 16 Jochen von 7 Metern, die durch zwei Dilatationsfugen getrennt sind, zusammen. Die Hängekonstruktion des Daches von 18,25 Metern theoretischer Spannweite weist im Schnitt eine unsymmetrische Parabel auf bei einer Biegung von 1,30 Metern. Die Auflager sind in der Höhe um etwa 2,95 Meter versetzt.

Die Bedachung besteht aus Celiumplatten und wird von 132 Kabeln getragen, die eine Gesamtlänge von 2500 Metern bilden, wobei jedes Kabel aus 19 Drähten von 38/10 gebildet wird; sie sind je zu zweien gruppiert bei einem Abstand von 235 mm; der Achsenabstand beträgt 1,75 Meter.

Bei den Giebeln und den Dilatationsfugen liegt das Kabel von der Fugenmitte 41 cm, und vom Giebel 34 cm entfernt, die Celiumplatten kragen bei diesen Kabeln vor.

Jedes Kabel hat an den Enden eine Hülse.

Jede Achse wird in waagerechter Lage durch zwei gelochte

Pleuel von 36 mm Durchmesser und in senkrechter Stellung durch geschweißte Stahlstücke festgehalten.

Diese Pleuel sind an den Randbalken aus Eisenbeton durch Hülsen von 60/70 befestigt und durchstoßen diese beim Betonierungsvorgang, so daß die Zugkräfte in das Betonskelett übertragen werden.

Durch dieses Vorgehen wurde die Bedachung völlig unabhängig vom Skelettsystem.

Diese Hülsen wurden auf den Millimeter genau versetzt, um insbesondere bei der Ostfassade das nötige Gefälle für das Regenwasser zu ergeben, das sich an jedem Giebel durch Wasserspeier nach außen ergießt.

Die Regulierung des Hängedaches geschieht entweder von innen, indem die Bügel der Kabel gespannt werden, oder von außen her durch Drehung der Schraubenmuttern an den Pleueln.

Die Nutzlast der Bedachung beträgt etwa 80 kg/m², ein Übergewicht von 75 kg/m² ist einberechnet worden bei Temperaturschwankungen von ± 27 °C.

Die Dachplatten bestehen aus Celium-Zellbeton von 10 cm Dicke; sie sind direkt auf den Kabeln versetzt; Wärmeisolierung und selbsttragende Eigenschaften waren ausschlaggebend, wobei die Armierung schon bei der Herstellung am unteren Rande vorgesehen war. Die Fixierung der Platten an den Kabeln geschieht durch Klammern und galvanisierte Platten.

Die Fugen sind mit Mörtel ausgefüllt zur Versteifung des Ganzen, worauf dann die Dichtungsschichten ausgebreitet wurden.

Diese ganze Dachkonstruktion ist völlig unabhängig von den Zwischenwänden und Giebeln. Die Anschlußstellen sind mit galvanisiertem Blech versehen, das vom Dichtungsmaterial überdeckt wird.

Im Oberteil sind die Trennungswände nicht an die Dachkonstruktion angeschlossen, um der Dilatation ein gewisses Spiel zu lassen; der Zwischenraum ist mit oben und unten geklebten Gummibändern ausgefüllt.

L'angle sud-est avec le bas-relief de Le Corbusier.
The southeast corner with the relief by Le Corbusier.
Die Südostecke mit dem Relief von Le Corbusier.

1 Centre paroissial (sera réalisé)
  1a Eglise – entrée du presbytère et des salles paroissiales
  1b Rampe d'entrée à l'église
  1c Place de l'église
2 Piscine (en réalisation)
  2a Piscine couverte avec bassin 25 × 15 m
  2b Vestiaires
  2c Bassin à vagues
3 Stade (construit)
  3a Guichets d'entrée
  3b Sortie des spectateurs
  3c Boulevard des spectateurs
  3d Gradins 3400 places
  3e Tribune couverte
  3f Terrain de foot-ball, rugby
  3g Entrée des athlètes
  3h Rampe d'accès au terrain athlètes et matériel
  3i Gradins 1800 places
     Jeux électroniques et sports
4 Maison des Jeunes (construite)
  4a Route de la Maison des Jeunes
  4b Entrée du bâtiment
  4c Théâtre en plein air 400 places
  4d Scène
5 Boîte à miracle (pas réalisée)
6 Entrée des défilés, jeux électroniques, accès des camions au terrain
7 Terrain d'entraînement
8 Parkings

1 Parish centre (will be realized)
  1a Church – entrance to the presbytery and the parish rooms
  1b Entrance ramp leading to the church
  1c Church square
2 Swimming-pool (in construction stage)
  2a Indoor pool with dimensions 25 × 15 m
  2b Dressing-rooms
  2c Pool with artificial waves
3 Stadium (built)
  3a Ticket office
  3b Spectators' exit
  3c Spectators' concourse
  3d Stands with seating capacity of 3400
  3e Covered grandstand
  3f Football and rugby field
  3g Athletes' entrance
  3h Access ramp to athletes' area and equipment
  3i Stands with seating capacity of 1800
     Electronic games and sports area
4 Youth Centre (built)
  4a Avenue of the Youth Centre
  4b Entrance to the building
  4c Open-air theatre, seating capacity 400
  4d Stage
5 Miracle box (not yet realized)
6 Entrance for parades, electronic games, access to ground for trucks
7 Training field
8 Parking area

1 Gemeindezentrum (wird ausgeführt werden)
  1a Die Kirche – Eingang zum Pfarrhaus und zu den Gemeindesälen
  1b Eingangsrampe zur Kirche
  1c Platz bei der Kirche
2 Schwimmbad (in Ausführung begriffen)
  2a Gedecktes Schwimmbassin 25 × 15 m
  2b Ankleideraum
  2c Wellenbad
3 Stadion (ausgeführt)
  3a Kassen
  3b Ausgang der Zuschauer
  3c Straße der Zuschauer
  3d 3400 Sitzplätze
  3e Gedeckte Tribüne
  3f Fußballplatz, Rugby
  3g Eingang der Athleten
  3h Eingangsrampe zum Sportplatz und zu den Geräten
  3i Elektronische Spiele und Sport
4 Jugendhaus (fertig erstellt)
  4a Straße des Jugendhauses
  4b Eingang des Baues
  4c Freilichttheater, 400 Plätze
  4d Bühne
5 «Boîte à miracle» (kleines Mehrzwecktheater, nicht ausgeführt)
6 Eingang der Défilés, elektronische Spiele, Zufahrt der Lastwagen ins Terrain
7 Übungsplatz
8 Parkierung

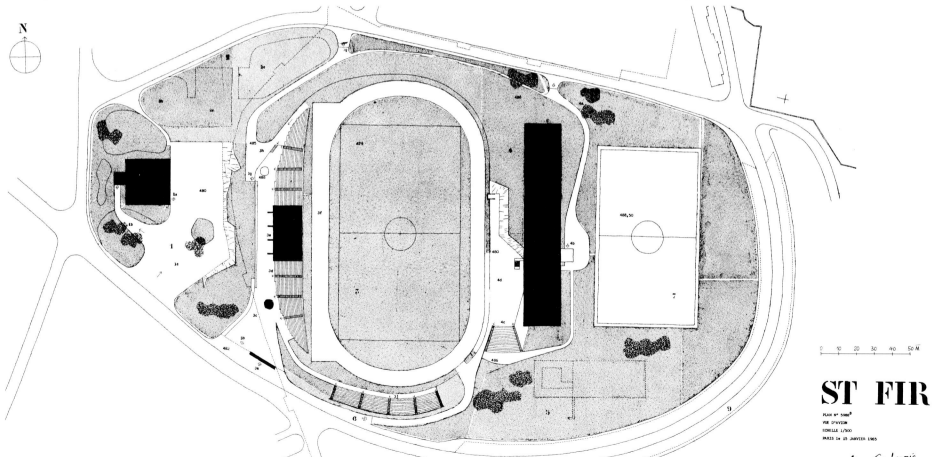

ST FIR

PLAN N° 5988ᴮ
VUE D'AVION
ECHELLE 1/500
PARIS le 15 JANVIER 1965

Détail de la façade ouest. Le rez-de-chaussée est aménagé en place de jeu, couverte.
A detail of the west face. The basement level serves as an open-sided covered play area.
Ein Detail der Westfassade. Das Untergeschoß dient als offener, gedeckter Spielplatz.

Page 31: La façade ouest. Le terrain inférieur aménagé en place de sport. Le stade (en face) est terminé.

Page 32: L'escalier fermé et un autre, ouvert, sur la façade ouest (sorties de secours).

Page 33: Un détail de la façade ouest.

Page 31: The west face. The sunken ground is developed as a playing-field. The stadium (opposite) is already complete.

Page 32: A closed and an open stairway on the west side (emergency exits).

Page 33: A detail of the west face.

Seite 31: Die Westfassade. Das tiefgelegene Terrain wird als Sportplatz ausgebaut. Das Stadion (gegenüber) ist bereits ausgeführt.

Seite 32: Eine geschlossene und eine offene Treppenanlage auf der Westseite (Notausgänge).

Seite 33: Ein Fassadenausschnitt der Westseite.

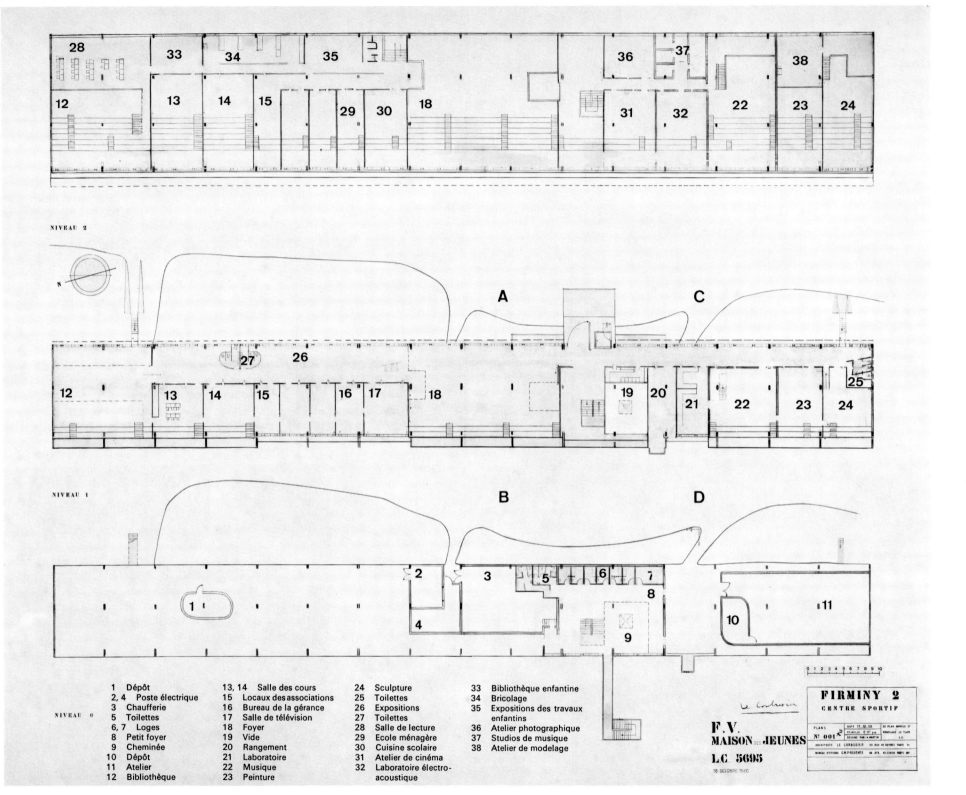

NIVEAU 2

A   C

NIVEAU 1

B   D

1 Dépôt	13, 14 Salle des cours	24 Sculpture	33 Bibliothèque enfantine	
2, 4 Poste électrique	15 Locaux des associations	25 Toilettes	34 Bricolage	
3 Chaufferie	16 Bureau de la gérance	26 Expositions	35 Expositions des travaux	
5 Toilettes	17 Salle de télévision	27 Toilettes	enfantins	
6, 7 Loges	18 Foyer	28 Salle de lecture	36 Atelier photographique	
8 Petit foyer	19 Vide	29 Ecole ménagère	37 Studios de musique	
9 Cheminée	20 Rangement	30 Cuisine scolaire	38 Atelier de modelage	
10 Dépôt	21 Laboratoire	31 Atelier de cinéma		
11 Atelier	22 Musique	32 Laboratoire électro-		
12 Bibliothèque	23 Peinture	acoustique		

NIVEAU 0

Le Corbusier

F.V.
MAISON DES JEUNES
LC 5695

18 OCTOBRE 1960

FIRMINY 2
CENTRE SPORTIF

PLANS	DATE 15.12.59	CE PLAN ANNULE ET
N° 001 AB	ECHELLE 0.01 p.m	REMPLACE LE PLAN
	DESSINE PAR A.MARTIN	L.C.
ARCHITECTE LE CORBUSIER 35 RUE DE SEVRES PARIS 7e		
BUREAU D'ETUDES G.M.PRESENTE 44 AVE. KLEBER PARIS 16e		

Coupes et façades de la Maison des Jeunes./Sections and faces of the Youth Centre./Schnitte und Fassaden des Jugendhauses.

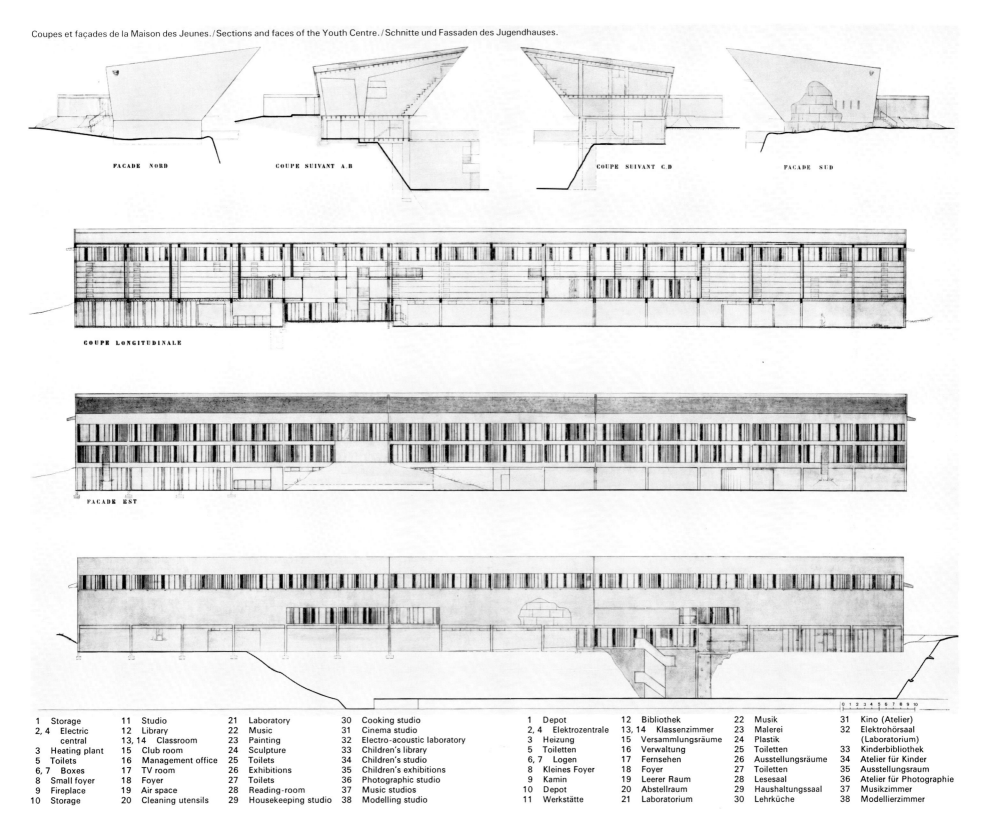

FACADE NORD   COUPE SUIVANT A.B   COUPE SUIVANT C.D   FACADE SUD

COUPE LONGITUDINALE

FACADE EST

1	Storage	11	Studio	21	Laboratory	30	Cooking studio	1	Depot	12	Bibliothek	22	Musik	31	Kino (Atelier)
2, 4	Electric	12	Library	22	Music	31	Cinema studio	2, 4	Elektrozentrale	13, 14	Klassenzimmer	23	Malerei	32	Elektrohörsaal
	central	13, 14	Classroom	23	Painting	32	Electro-acoustic laboratory	3	Heizung	15	Versammlungsräume	24	Plastik		(Laboratorium)
3	Heating plant	15	Club room	24	Sculpture	33	Children's library	5	Toiletten	16	Verwaltung	25	Toiletten	33	Kinderbibliothek
5	Toilets	16	Management office	25	Toilets	34	Children's studio	6, 7	Logen	17	Fernsehen	26	Ausstellungsräume	34	Atelier für Kinder
6, 7	Boxes	17	TV room	26	Exhibitions	35	Children's exhibitions	8	Kleines Foyer	18	Foyer	27	Toiletten	35	Ausstellungsraum
8	Small foyer	18	Foyer	27	Toilets	36	Photographic studio	9	Kamin	19	Leerer Raum	28	Lesesaal	36	Atelier für Photographie
9	Fireplace	19	Air space	28	Reading-room	37	Music studios	10	Depot	20	Abstellraum	29	Haushaltungssaal	37	Musikzimmer
10	Storage	20	Cleaning utensils	29	Housekeeping studio	38	Modelling studio	11	Werkstätte	21	Laboratorium	30	Lehrküche	38	Modellierzimmer

Vues extérieure et intérieure du toit suspendu, en partie lors de la construction. Dans les coupes transversales (page 35) on aperçoit la construction intérieure des colonnes. Pendant la construction des parties souterraines, on a constaté que ces colonnes paraissent perdues dans la composition de la salle. On a construit un plafond suspendu (voir le texte page 26).

Outside and inside views of the suspended ceiling, partly at construction stage. In the cross-sections (page 35) there can be seen the inside construction of the columns. During construction of the underground parts, it was ascertained that these columns seemed lost in the composition of the rooms. A suspended ceiling was constructed (cf. text p. 27).

Außen- und Innenansichten des Hängedaches, zum Teil während des Baues. In den Querschnitten (Seite 35) sieht man die innere Konstruktionsart der Säulen. Bei der Ausführung der unterirdischen Strukturen wurde festgestellt, daß diese Säulen in diesem Saal verloren wirken. Das Hängedach wurde erstellt (siehe Text auf Seite 28).

La paroi sud avec le relief de Le Corbusier.
The south wall with the relief by Le Corbusier.
Die Südwand mit dem Relief von Le Corbusier.

La représentation positive et négative du relief n'était pas prévue. Tandis que la partie inférieure de la façade fut betonnée, Le Corbusier décida de faire un relief dans cette paroi. On a suspendu pour quelques heures les travaux de bétonnage, afin de placer le négatif du relief dans le coffrage. La partie inférieure manquante de relief fut appliquée de suite après l'enlèvement du coffrage.

Positive and negative representations of the relief were not provided for. While the lower part of the face was concreted, Le Corbusier decided to make a relief in this wall. The concreting work was stopped for a few hours so that the negative of the relief could be positioned in the coffering. The missing lower part of the relief was applied following removal of the framing.

Die Gestaltung des Reliefs in Positiv und Negativ war nicht im voraus vorgesehen. Erst im Laufe der Betonierungsarbeiten der untern Zone der Fassade entschloß sich Le Corbusier, hier ein Relief anzubringen. Die Arbeiten wurden infolgedessen während ein paar Stunden unterbrochen, um das Negativ des Reliefs in die Schalung hinein zu legen. Der fehlende untere Teil des Reliefs wurde sofort bei der Entfernung der Schalung auf den Beton angebracht.

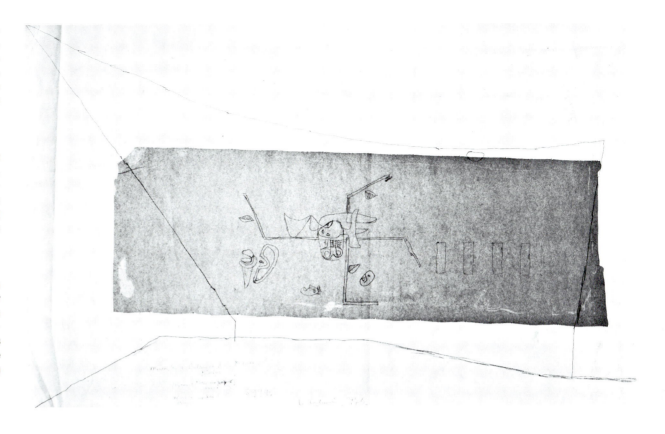

Le dessin pour le relief et, *en-bas,* le relief en partie dans le béton et la partie basse appliquée sur le béton.

The sketch for the relief and, *below,* the relief partly in the concrete and with the bottom resting on the concrete.

Die Zeichnung zum Relief und, *unten,* das Relief teils einbetoniert, im unteren Teil auf den Beton aufgesetzt.

Vue dans le foyer au sous-sol, et un corridor au rez-de-chaussée.
View into the foyer at basement level and a corridor at ground-floor level.
Blick ins Foyer des Untergeschosses und ein Gang im Erdgeschoß.

La cheminée dans le foyer du sous-sol. Ferronnerie partiellement suspendue au plafond du rez-de-chaussée.

The fireplace in the basement foyer. It is worked in forged iron and is partly suspended from the ceiling of the ground-floor.

Der Kamin im Foyer des Untergeschosses. Schlosserarbeit, teils an die Erdgeschoßdecke aufgehängt.

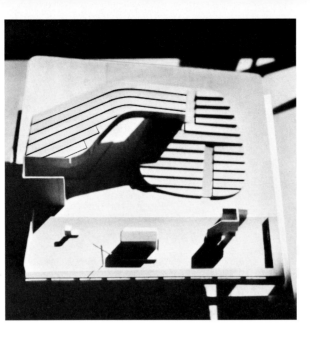

A *gauche:* La maquette de la chapelle ainsi que le rez-de-chaussée avec l'autel et les gradins des visiteurs.
En-bas: Le stade à l'ouest en face de la Maison des Jeunes (voir plan de situation page 29). Le Corbusier avait prévu de faire construire la chapelle derrière le stade.

Left: The model of the chapel as well as the ground-floor with the altar and the visitors' stands.
Below: The stadium on the west side facing the Youth Centre (cf. site plan, page 29). Le Corbusier envisaged construction of the chapel behind the stadium.

Links: Das Modell der Kapelle und des Erdgeschosses mit Altar und Sitzreihen der Besucher.
Unten: Das Stadion im Westen, gegenüber dem Jugendhaus (siehe Lageplan Seite 29). Le Corbusier hatte geplant, die Kapelle hinter das Stadion zu bauen.

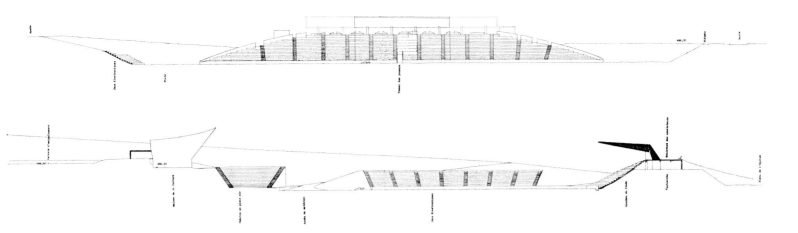

Le stade, niveau 1		The stadium, level 1		Das Stadion, Grundriß 1	
1 Accès des athlètes au terrain	11 Chauffage	1 Athletes' access to the field	10 Entrance for groups	1 Zugang der Athleten ins Terrain	11 Heizung
2 Entrée des vestiaires et hall	12 Dépôts	2 Entrance to dressing-rooms	11 Heating plant	2 Eingang zur Ankleide und Halle	12 Depot
3 Hall	13 Escalier et tunnel des	and hall	12 Storage	3 Halle	13 Treppe und gedeckter
4 Réserves de matériel	joueurs	3 Hall	13 Stairway and tunnel for players	4 Geräte	Gang der Spieler
5 Bureau et infirmerie	Niveau 2	4 Supplies	Level 2	5 Büro und Sanitätsraum	Grundriß 2
6 Vestiaires des moniteurs	13 Toilettes hommes	5 Office and infirmary	13 WC men	6 Garderoben der Trainer	13 WC Männer
7 Vestiaires	14 Toilettes femmes	6 Coaches' dressing-rooms	14 WC women	7 Garderoben	14 WC Frauen
8 Appartement du gardien	15 Lanternaux et aération	7 Dressing-rooms	15 Skylights and ventilation	8 Wohnung des Abwarts	15 Oberlicht und Lüftung
9 Transformateur	16 Bancs	8 Caretaker's flat	16 Benches	9 Transformator	16 Bänke
10 Entrée des groupes	17 Gradins	9 Transformer	17 Grandstands	10 Eingang der Gruppen	17 Gestufte Sitzplätze
	18 Balustrade		18 Railing		18 Brüstung

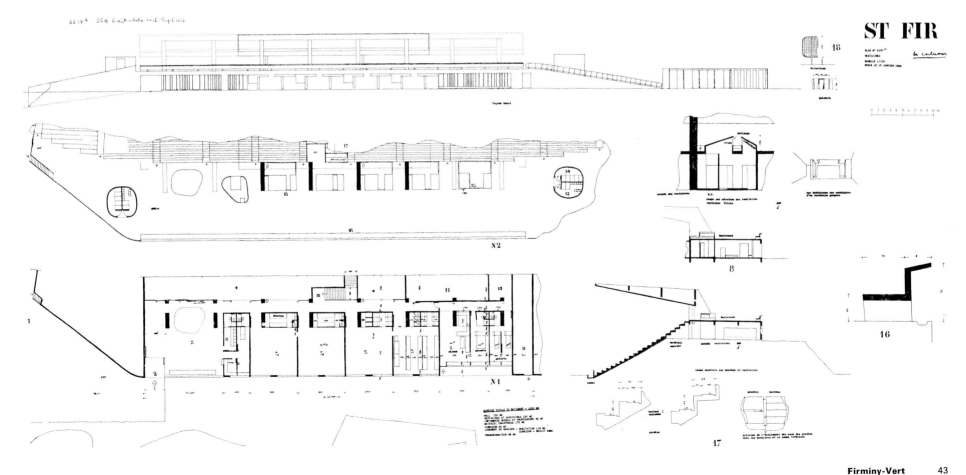

Ecluse de Kembs-Niffer, 1959–1962

Cette écluse est située entre Bâle et Mulhouse sur le canal du Rhône au Rhin, au point de raccordement de celui-ci sur le canal du Rhin.
Le Corbusier n'a pas pris part aux travaux de l'écluse proprement dite. Il n'a réalisé que les deux bâtiments, le premier, la tour, abrite le poste de l'éclusier ainsi que les équipements mécaniques, le second est réservé aux bureaux des douanes et de la navigation. Il comprend également au sous-sol les locaux du personnel, le garage et la chaufferie.

Sluiceway of Kembs-Niffer, 1959–1962

This sluice is situated between Basel and Mulhouse on the Rhone–Rhine Canal, at the junction between the latter and the Rhine Canal.
Le Corbusier was not involved in the work on the sluiceway proper. He designed only the two buildings; the first one, the tower structure, accommodates the lock-keeper's station along with the mechanical installations; the second building is reserved for the customs and navigation offices. It also comprises, on basement level, the personnel rooms, the garage and the heating plant.

Schleuse bei Kembs-Niffer, 1959–1962

Diese Schleuse liegt zwischen Basel und Mülhausen am Rhein–Rhone-Kanal, bei der Einmündung in den Rheinkanal. Le Corbusier war an den eigentlichen Arbeiten dieser Schleuse nicht beteiligt. Er hat nur zwei Bauten entworfen, den Turm des Schleusenwächters mit der Maschinerie und das Verwaltungsgebäude mit Zoll- und Schiffskontrolle, wo sich im Untergeschoß die Diensträume, die Garage und die Heizung befinden.

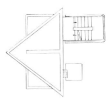

Vue et plan de la terrasse de la tour de contrôle.
Elevation view and roof plan of the control tower.
Ansicht und Dachgrundriß des Kontrollturmes.

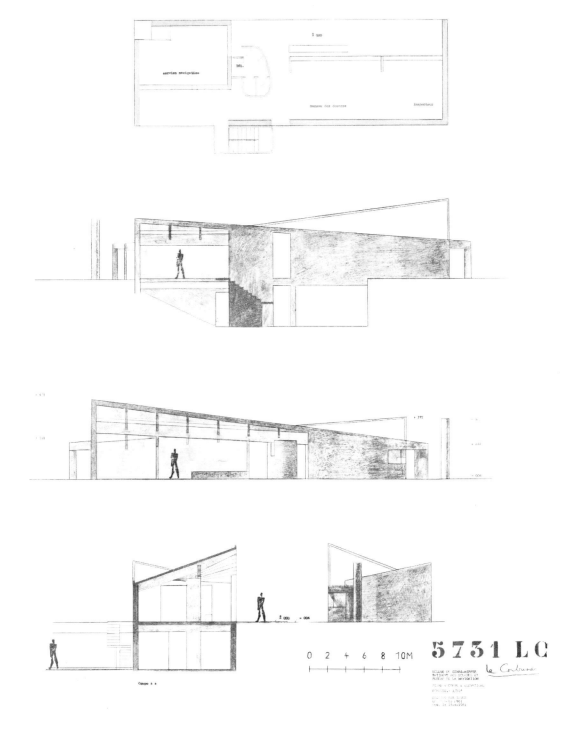

5731 LC

0 2 4 6 8 10M

Plan du rez-de-chaussée, façades et coupes de la douane.
Ground-floor plan, faces and sections of the customs house.
Erdgeschoßgrundriß, Fassaden und Schnitte des Zollhauses.

A gauche: L'écoulement des eaux pluviales sur la façade ouest de la douane.
En-bas: La douane et l'écluse, reliant le Rhône au Rhin.
Images de droite: Plan de situation – l'écoulement des eaux pluviales sur la façade est de la douane.

Left: The roof drainage on the west side of the customs house.
Below: The customs house with the sluiceway which connects the Rhone and the Rhine.
Views right: Site plan – The roof drainage on the east side of the customs house.

Links: Der Dachwasserablauf auf der Westseite des Zollhauses.
Unten: Das Zollhaus mit der Schleuse, die Rhone und Rhein verbindet.
Bildseite rechts: Lageplan – Der Dachwasserablauf auf der Ostseite des Zollhauses.

«Cette écluse permet aux bateaux du Rhin de passer sur le Rhône en direction de Marseille. Ici, on ne discute plus s'il s'agit d'architecture ou d'ingénieurie. Il s'agit d'une ‹œuvre construite›. Les administrateurs et les ingénieurs m'ont demandé de participer à leur entreprise.» Le Corbusier

"This sluiceway permits boats from the Rhine to pass via the Rhone toward Marseilles. At this juncture, there is no longer any discussion of whether we have to do with architecture or with engineering. This is a 'constructed work'. The administration people and the engineers asked me to participate in their undertaking." Le Corbusier

«Diese Schleuse vermittelt den Schiffen die Fahrt vom Rhein zur Rhone in Richtung Marseille. Hier wird die Frage nicht mehr erörtert, ob es sich um Architektur oder um Ingenieurkunst handelt. Es handelt sich um ein ‹Bauwerk›. Die Verwalter und Ingenieure haben mich gebeten, mich an ihrem Unternehmen zu beteiligen.» Le Corbusier

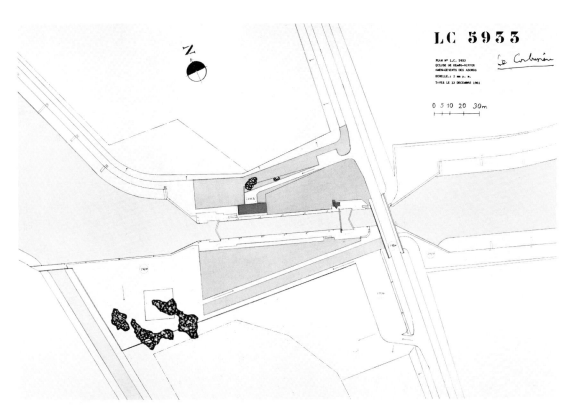

LC 5933

La ville de Chandigarh par M. N. Sharma,
architecte en chef, Chandigarh

Ce fut une décision historique que prit le gouvernement du Pendjab lorsqu'il décida de bâtir une capitale de toutes pièces après avoir abandonné Lahore, antique capitale du Pendjab dans l'Etat voisin du Pakistan. Il n'y a pas de doute que ce fut quelque peu tardif, en 1950, trois ans après la partition du pays. Déjà le grand courant des réfugiés s'était écoulé vers d'autres Etats, plus stables. D'anciens liens de famille furent rompus. Le Pendjab était brisé. La population était désemparée, incertaine de l'avenir, et ce fut Chandigarh qui lui apporta le réconfort, releva son moral et ouvrit de nouvelles perspectives sur un avenir prometteur.

Chandigarh est une audacieuse expérience d'aménagement moderne où les valeurs morales ont été reconnues comme étant à la base de la vie. Le Corbusier qui, sa vie durant, s'est acharné, avec quel succès, à traduire les aspirations profondes des hommes de l'ère machiniste, a trouvé l'occasion exceptionnelle de faire les plans de cette ville nouvelle où il put mettre en pratique toutes ses théories et toutes ses idées. C'est ainsi qu'un ensemble de valeur universelle a surgi où non seulement il fût possible de vivre d'une façon agréable et stimulante, mais aussi de se sentir rattaché à la nature. Les gens furent amenés à aimer, à apprécier et à respecter leur nouveau milieu sans perdre, pour autant, leurs habitudes traditionnelles. Chandigarh a suscité une nouvelle manière de penser et a ouvert réellement de nouvelles voies à la vie quotidienne; cette ville correspond aux besoins économiques et aux aspirations esthétiques de l'homme. Tout en sauvegardant l'esprit de Chandigarh, la ville a grandi en dépit de toute sorte de complications et de conflits.

Lorsque la ville fut créée, les gens du pays et même de l'étranger ont prédit que du fait que Chandigarh n'était pas issue du terroir, ce serait la décadence à brève échéance. D'autres prétendaient que l'aspect était trop éloigné de la mentalité du pays pour pouvoir convenir à l'Orient. Tous négligeaient de considérer que les possibilités d'adaptation sont sans limites et que toute bonne action qui correspond aux élans du cœur trouve un écho; c'est ce qui est arrivé à Chandigarh.

Les habitants qui, au début, n'étaient pas au courant des intentions des urbanistes et, peut-être, gardaient quelques appréhensions, ont bientôt senti que tout allait au mieux et pour leur bien; car non seulement ils acceptèrent de changer leurs habitudes, mais encore ils devinrent les partisans les plus assidus de ce nouveau mode de vivre.

A Chandigarh, la conception des quartiers se suffisant à eux-mêmes a parfaitement abouti. Chaque quartier, refermé sur lui-même, est cependant relié au quartier voisin par quatre lignes de jonction.

Toutes les maisons s'ouvrent sur des espaces intérieurs. Les murs des cours arrières contre la voie V₃ (selon la grille) n'ont pas de baies, afin d'offrir toute sécurité à la vie de la maison, à l'abri des risques du trafic.

La disposition des centres d'achat, où tous les magasins regardent vers le nord, est tout à fait dans la ligne des conditions climatiques de l'Inde. Les commerçants n'ont pas le soleil dans les yeux et la marchandise étalée à l'air est à l'abri des rayons intenses. Récemment il a été nécessaire d'augmenter la surface de stationnement aux abords des centres d'achat en raison du trafic toujours plus intense des véhicules.

Le centre de la ville, que Le Corbusier comparait au cœur d'un organisme, est bourdonnant d'activité, bien qu'il ne soit pas encore entièrement occupé. Et l'on constate ici que la séparation de la circulation pédestre d'avec celle des autos est payante.

Les piétons ne sont pas dérangés par les voitures. Le service des bâtiments a préservé les façades de l'emprise de la réclame tapageuse. Aussi l'atmosphère est-elle plaisante et gaie.

Le système des sept V, qui classe les voies selon des catégories, fonctionne à satisfaction et la ville ne connaît pas les embouteillages qui encombrent les rues de bien des villes modernes. Il convient de rappeler que cette classification des voies a été adoptée avec grand succès dans plusieurs villes anciennes et nouvelles et l'on voit que Chandigarh a été exemplaire par la contribution qu'elle a apportée pour résoudre l'inextricable problème de la circulation dont souffre la civilisation du 20ᵉ siècle.

Alors que la première étape de l'aménagement de Chandigarh est pratiquement achevée et que l'on s'achemine vers la seconde, nous cherchons à rassembler les expériences faites pendant les dernières dix-sept années, afin d'exploiter les leçons de cette urbanisation exceptionnelle et de rendre la ville toujours plus conforme à notre façon de vivre.

Mais on ne serait pas complet si l'on omettait de mentionner l'ensemble du Capitole. La réalisation de cette grande idée de Le Corbusier demeure encore très éloignée, en raison du manque de fonds et des modifications administratives consécutives à la réorganisation de l'Etat. Les édifices les plus importants du Capitole restent à achever; ce sont le palais du Gouverneur, la Main Ouverte, la Colline géométrique, la Tour des Ombres et le Monument commémoratif des Martyrs. A défaut de ces édifices, il est impossible de se faire une idée de la grandeur de l'ensemble qui, une fois achevé, sera sans doute le plus puissant et le plus beau du monde.

La conception initiale de Le Corbusier pour le palais du Gouverneur se basait sur l'idée que le palais de Justice serait suffisant, avec quelques modifications, pour loger le chef d'un Etat démocratique; Le Corbusier estimait que sans cet édifice, au sommet du Capitole, la composition tout entière serait compromise et il proposa à la place un Musée de la Connaissance. Mais l'utilité et la justification de ce musée n'étaient guère évidentes; d'ailleurs le budget était trop serré, et le projet est resté dans les cartons. Pourtant cette idée a été reprise tout récemment pour créer dans la zone de la Vallée des Loisirs le Musée de l'Evolution de la Vie.

Le Musée de la Connaissance ayant été abandonné, on se rend compte maintenant que le palais du Gouverneur, primitivement projeté et qui serait bien plus significatif et plus éclatant que le musée, devrait tout de même s'édifier sous la forme d'un Musée de l'Architecture, dédié à la mémoire de Le Corbusier, créateur de Chandigarh et précurseur de l'urbanisme; ce musée pourrait rassembler tous ses dessins et tous ses projets.

Par ailleurs, le monument de la Main Ouverte que Le Corbusier avait conçu pour matérialiser le symbole de «Donner et Recevoir», n'a pas été réalisé, mais nous sommes pleins d'espoir de pouvoir accomplir dans un proche avenir cette œuvre du grand architecte.

The City of Chandigarh by M. N. Sharma,
Chief Architect, Chandigarh

It was a historic decision when the Government of Punjab decided to build a capital of its own after losing Lahore, the old capital city of Punjab to the neighbouring State of Pakistan. No doubt it happened rather late, in 1950, three years after the partition of the country. The main stream of refugees had already crossed over to other more stable states. Old family ties had broken. The Punjab was torn. People were confused and unsure of their future and it was Chandigarh which gave them solace, boosted their morale and opened a new window with a promising future.

Chandigarh is a bold experiment in modern civic design. It has recognized moral values as lying at the basis of life. Le Corbusier who successfully struggled in his entire life to interpret the aspirations of the people of this industrialized civilization had a rare opportunity to design this new town and to give practical application to all his theories and philosophy. Thus a new organism of universal validity was born, which would not only create comfortable and invigorating urban living conditions but also introduce man to the importance of the elements of nature. It also made people love, appreciate and respect their environments without prejudicing their living habits.

Chandigarh has provoked fresh thinking and in fact has shown a new way of life. It is economically and beautifully built in relation to the needs of man. The spirit of Chandigarh has remained unaffected and the city has thrived in spite of various hurdles and set-backs, a fact which amply reflects the unsurpassed concept of Chandigarh.

When Chandigarh was created people at home and from abroad predicted that as the concept of Chandigarh was not born of the soil, it would decay with time. Some said it was too alien to be assimilated by the Eastern mind. They forgot that human adaptability has no limitations and all good acts, beneficial to man immediately appeal to his inner senses and the same happened in Chandigarh. Its inhabitants who were uncertain of its planners' designs in the beginning and perhaps a little afraid too, soon realized that it was for their good. They not only accepted the change but also became active partners in this unique experiment in urban living.

In Chandigarh, Le Corbusier's system of the self-supporting neighbourhood unit known as a sector has worked very well. A sector which is introverted in character communicates only at four junctions with the adjoining neighbourhood units. All the houses open up inside. The rear courtyard walls facing V₃ (grid road) are without apertures, to ensure safety to the life inside — free from the hazards of fast traffic.

The planning of shopping centres where all shops face towards the north is very much in line with Indian climatic conditions. There is no sun in the eyes of shoppers and goods displayed are also protected from intense summer sun. Recently it has been felt that the parking areas attached to shopping centres need extension to cope with the ever increasing flow of vehicular traffic.

The city centre which Le Corbusier compared to the heart of an organism, though still full of voids, is humming with activity. Here his system of segregating the pedestrian traffic from the vehicular flow has paid good dividends. The pedestrian is not at the mercy of the automobile. Advertisement control has saved the façades from vulgarity. The atmosphere is pleasant and joyful. The system of seven V's, based on the classification of traffic is working very satisfactorily and the city is free from the bottle-necks of vehicular traffic from which most modern cities suffer. Here it would be gratifying to record that this system of traffic classification is now being followed in several new and existing cities with great success and Chandigarh has again shown a new way to solve the tricky problem of transportation which is a by-product of twentieth-century automation.

Now that the planning of the first phase of Chandigarh is practically over and the emphasis has shifted to the second phase, we are consolidating our experience of the past seventeen years and exploring ways and means to utilize the gains achieved during this unique experiment in city designing for making this town more congenial to our way of living.

No description of Chandigarh would be complete without mentioning its Capitol complex. This dream of Le Corbusier is still far from completion owing to paucity of funds and changed administrative conditions owing to re-organization of the State. The main edifices of the Capitol yet to be realized are the Governor's Palace, the Open Hand, the Geometric Hill, the Tower of Shadows and Martyrs' Memorial. In the absence of these structures the greatness of the complex can never be fully appreciated. When it is completed, this will probably be the most powerful and attractive complex in the world.

Le Corbusier's initial design of the Governor's Palace was shelved on the plea that the Circuit House with some modifications was good enough for the Head of State in a democratic set-up. Le Corbusier thought that the absence of such a building at the apex of the Capitol would ruin the whole composition. He proposed a Museum of Knowledge in its place. But the function and utility of such a museum was not clear, the funds were also short and the scheme remained on paper. Recently the work has been started on the Museum of Evolution of Life which has been planned in the cultural belt of Leisure Valley.

Now that the scheme for the Museum of Knowledge has been dropped, it is felt that the original Governor's Palace, which is much more significant and powerful than the Museum of Knowledge should be built and used as a Museum of Architecture. This can be dedicated to the memory of Le Corbusier, the man who created Chandigarh and opened a new chapter in the field of modern urban design to house all his sketches, drawings and ideas on paper to be exhibited in this building.

Similarly the project of the Open Hand which Le Corbusier termed as a symbol of "Give and Take" has not materialised but we are hopeful of accomplishing the mission of the Great Master in the near future.

Die Stadt Chandigarh von M. N. Sharma,
Chef-Architekt, Chandigarh

Es war eine historische Entscheidung, welche die Regierung von Pandschab traf, als sie sich entschloß, eine völlig neue Stadt zu gründen und Lahore, die alte Hauptstadt des Pandschab im Nachbarstaate von Pakistan, als solche zu verlassen. Es war allerdings eine etwas verspätete Entscheidung, da sie erst im Jahre 1950, drei Jahre nach der Teilung des Landes, getroffen wurde; denn schon hatte sich der Flüchtlingsstrom nach anderen, sicheren Staaten gewandt. Alte Bande zwischen den Familien waren zerrissen, Pandschab war gebrochen. Die Bevölkerung war haltlos, ihres Schicksals ungewiß. Und da wurde Chandigarh der Ort der Beruhigung, der moralischen Erneuerung mit neuen Aussichten in eine bessere Zukunft.

Chandigarh ist ein kühnes Experiment der neuen Stadtplanung, wobei die sittlichen Werte als Existenzbasis erkannt wurden. Le Corbusier, der sich sein Leben lang bemüht hatte – mit welch erfolgreichem Resultat! – den tiefsten Bestrebungen des Menschen des technischen Zeitalters gerecht zu werden, hat hier eine einmalige Gelegenheit gefunden, eine neue Stadt zu planen, wobei er seine Ideen und Theorien in die Wirklichkeit übertragen konnte. Und so entstand eine Gesamtanlage von universalem Wert, in welcher das Dasein nicht nur angenehm und belebend wurde, sondern die Naturnähe das Gemüt beeinflussen sollte. Die Menschen liebten, schätzten und pflegten ihre neue Umgebung, ohne dabei ihren eingeborenen Gewohnheiten untreu zu werden.

Chandigarh ist ein neues Erlebnis und hat das tägliche Leben auf neue Bahnen geführt; diese Stadt entspricht den wirtschaftlichen Notwendigkeiten der Menschen und fördert ihre geistigen Bestrebungen. Jetzt entwickelt sich die Stadt, ihrer ursprünglichen Bestimmung treu bleibend, trotz allerhand Schwierigkeiten und Verwicklungen.

Als die Stadt im Werden war, prophezeiten die Leute im Lande und sogar im Ausland, daß Chandigarh infolge des unbodenständigen Charakters der Anlage in Bälde verfallen werde. Andere behaupteten, der Stil entspreche der orientalischen Mentalität zu wenig, um akzeptiert werden zu können. Dabei vernachlässigten sie allesamt zu überlegen, daß das Anpassungsvermögen keine Grenzen kennt und daß eine gute Tat, die die innersten Fasern des Herzens berührt, ihren Widerhall findet. Und das ward in Chandigarh der Fall.

Die Einwohner, die anfangs die Ziele der Stadtplaner nicht kannten und wohl etwas zögernd waren, merkten bald, daß sich alles zum Besten wandte und zu ihrem eigenen Wohl; denn nicht nur nahmen sie es auf sich, auf alte Gewohnheiten zu verzichten, sondern sie wurden sogar die eigentlichen Mitarbeiter der neuen Lebensweise.

In Chandigarh hat sich die Einteilung in selbständige Sektoren sehr gut bewährt. Jedes Quartier, mit seinem Eigenleben, ist, wenn auch in sich geschlossen, so doch mit den Nachbarquartieren durch vier Verbindungswege verbunden. Die Häuser sind alle nach innen gerichtet, und die Rückwände der Innenhöfe gegen die Straße V₃ (gemäß Rastersystem) haben keine Fenster, um dem Hause völlige Abgeschlossenheit zu gewähren und sicheren Schutz gegen den regen Verkehr.

Bei den Einkaufszentren sind alle Läden nach Norden gewendet, was ganz den klimatischen Verhältnissen des Landes entspricht. Die Ladenbesitzer werden von der Sonne nicht geblendet, und die im Freien ausgelegte Ware wird von den Sonnenstrahlen nicht berührt. Vor kurzem wurde es notwendig, die Parkplätze in der Nähe der Einkaufszentren infolge des stets größeren Verkehrs der Autos zu erweitern.

Das Stadtzentrum, das Le Corbusier mit dem Herzen eines Organismus verglich, wenn auch noch nicht voll besetzt, ist trotzdem der Ort reger Geschäftigkeit. Und man kann hier feststellen, daß die Trennung des Fußgängers vom Autoverkehr sich bezahlt macht. Die Wagen belästigen den Passanten nicht mehr.

Die Bauordnung hat Vorschriften erlassen, um die Fassaden der Häuser von Reklamen freizuhalten. Das ganze Leben spielt sich in einer fröhlichen und angenehmen Atmosphäre ab.

Das System der sieben V, wonach die Straßen nach Größenordnungen bestimmt werden, hat sich glänzend bewährt, und die Stadt kennt keine der unangenehmen Verkehrsstörungen, worunter die meisten modernen Städte zu leiden haben. Es darf erwähnt werden, daß diese Straßeneinteilung mit großem Erfolg in verschiedenen älteren und neueren Städten eingeführt worden ist, und man sieht, daß das Beispiel von Chandigarh maßgebend war, um den leidigen Verkehrsproblemen des 20. Jahrhunderts Herr zu werden.

Jetzt, wo die erste Phase der Anlage von Chandigarh sozusagen vollendet ist und sich die zweite ankündet, versuchen wir aus den Erfahrungen der letzten siebzehn Jahre die Bilanz zu ziehen, um aus dieser einzigartigen Planung zu lernen und die Stadt immer mehr unserer Lebensweise anzupassen.

Jedoch wäre dieser Bericht unvollständig, wenn er die Anlage des Capitols unerwähnt ließe. Die Verwirklichung dieses Traumes von Le Corbusier liegt wohl noch in weiter Ferne, wegen der Knappheit der finanziellen Mittel und der Veränderungen in der Verwaltung infolge der Reorganisation des Staates. Die wichtigsten Bauten des Capitols harren der Vollendung, als da sind der Palast des Gouverneurs, die Offene Hand, der Hügel der Geometrie, der Turm der Schatten und das Denkmal der Märtyrer.

Ohne diese Bauten kann man sich kein vollständiges Bild von der Größe dieser Anlage machen, die nach ihrer Vollendung zweifellos die gewaltigste und herrlichste der Welt werden dürfte.

Die ursprüngliche Idee Le Corbusiers für den Palast des Gouverneurs ging von der Annahme aus, der Justizpalast werde, zwar mit einigen Veränderungen, angemessen sein, um das Oberhaupt eines demokratischen Staates aufzunehmen. Er war überzeugt, daß die Gestaltung des Capitols ohne die Bekrönung durch dieses Bauwerk vollständig in die Brüche gehen würde, und schlug deshalb vor, an dessen Statt ein Museum des Wissens vorzusehen. Jedoch waren die Funktion und die Stichhaltigkeit eines solchen Museums nicht einwandfrei; übrigens waren die Mittel zu knapp. Und so blieb dieser Entwurf in der Schublade. Trotzdem wurde dieser Gedanke vor kurzem wieder aufgenommen, um im Tale der Erholung das Museum der Entwicklung des Lebens zu schaffen.

Da nun aber das Museum des Wissens ausgeschaltet worden ist, wird es klar, daß der ursprünglich projektierte Palast des Gouverneurs bedeutungsvoller und schöner geworden wäre und also trotzdem in anderer Form gebaut werden sollte, zum Beispiel als Museum der Architektur, das dem Andenken an Le Corbusier, Schöpfer von Chandigarh und Vorkämpfer des Städtebaues, gewidmet werden könnte, wo seine sämtlichen Zeichnungen und Projekte ausgestellt würden.

Andererseits wurde das Denkmal der Offenen Hand, das Le Corbusier als Symbol von «Geben und Nehmen» erdacht hatte, nicht ausgeführt; doch sind wir von der Hoffnung beseelt, auch dieses Werk des großen Architekten in naher Zukunft verwirklichen zu können.

Un dessin que Le Corbusier a fait en 1952, lorsque débutèrent les premiers travaux pour la nouvelle ville. Souvent il s'est représenté ironiquement comme un «corbeau». Ce dessin est dédicacé à sa collaboratrice d'alors, Jane B. Drew. Ce que signifient les autres animaux nous échappe.

A drawing which Le Corbusier made in 1952, when work had already begun on the new city. He often humorously represented himself as a raven (le corbeau). He dedicated this drawing to his associate at that time, Jane B. Drew. We have no idea what kind of symbolic meaning the other animal figures in this drawing possess.

Eine Zeichnung, die Le Corbusier im Jahre 1952, als die ersten Arbeiten für die neue Stadt aufgenommen wurden, gemacht hat. Er hat sich oft humoristisch als Raben dargestellt (le corbeau). Diese Zeichnung hat er seiner damaligen Mitarbeiterin Jane B. Drew gewidmet. Was die übrige Tierwelt auf dieser Zeichnung für symbolische Bedeutung hat, wissen wir nicht.

La naissance de cette ville nouvelle est le résultat d'une heureuse conjonction de personnalités. L'impulsion principale à ce projet a été donnée par le Premier ministre Pandit Jawaharlal Nehru, qui partout accorda son appui enthousiaste.
«Que ce soit une ville nouvelle, symbole de la liberté de l'Inde, affranchie des traditions du passé, expression de la foi de la nation en l'avenir.»

Pandit Nehru

The birth of this modern city is the result of a happy conjunction of personalities. The main impetus for the project came from Prime Minister Pandit Jawaharlal Nehru who throughout gave it his enthusiastic support.
"Let this be a new town, symbolic of the freedom of India, unfettered by the traditions of the past, an expression of the nation's faith in the future."

Pandit Nehru

Die Entstehung dieser neuen Stadt ist das Ergebnis eines glücklichen Zusammentreffens von großen Persönlichkeiten. Der Impuls zu diesem Projekt kam hauptsächlich vom Ministerpräsidenten Pandit Jawaharlal Nehru, der überall seine begeisterte Unterstützung gewährte.
«Möge dies eine neue Stadt werden, ein Sinnbild der Freiheit Indiens, unbelastet von vergangenen Überlieferungen, ein Ausdruck der Zuversicht des Volkes in die Zukunft.»

Pandit Nehru

Dans la langue des Indiens, *Chandigarh* signifie: «La forteresse de la déesse de la guerre.» *Chandi* est le nom de la déesse et *Garh,* c'est la forteresse. Chandi possède sept sœurs.
Lorsqu'on va de la ville de Chandigarh vers le nord, c'est-à-dire vers le piémont de l'Himalaya, on arrive, peu avant les montagnes, à un petit temple caché, badigeonné en blanc. Ce petit sanctuaire a été édifié, il y a des siècles, en l'honneur de la divinité. C'est d'après celle-ci que Chandigarh a été dénommée.

In Hindi the word *Chandigarh* means "the fortress of the war goddess". *Chandi* is the name of the goddess and *Garh* means fortress. Chandi had seven sister goddesses.
When one travels northwards from the city of Chandigarh, that is, in the direction of the foothills of the Himalaya, one reaches, just before the first hills begin, a small, hidden, white-washed temple. This small attractive temple was erected centuries ago in honour of this goddess. It was after this goddess that the new city was named: Chandigarh.

In der Sprache Indiens heißt *Chandigarh* «die Festung der Kriegsgöttin». *Chandi* ist der Name der Göttin und *Garh* heißt Festung. Chandi hatte sieben Schwestergöttinnen.
Wenn man von der Stadt Chandigarh in nördlicher Richtung, also gegen die Himalaya-Vorgebirge fährt, gelangt man kurz vor den ersten Vorgebirgen zu einem kleinen, verborgenen, weißgetünchten Tempel. Dieser kleine, schmucke Tempel wurde zu Ehren dieser Göttin vor Jahrhunderten erbaut. Nach dieser Göttin wurde die neue Stadt benannt: Chandigarh.

Extrait du carnet de croquis de Le Corbusier: Sa première rencontre avec le Pandit Nehru le 22 novembre 1951 à la Nouvelle-Delhi.

From Le Corbusier's sketch book: His first meeting with Nehru in New Delhi on November 22, 1951.

Aus Le Corbusiers Skizzenbuch: Seine erste Begegnung mit Nehru am 22. November 1951 in Neu Delhi.

Le Capitole. Vue du Parlement sur la silhouette du palais de Justice (la Haute Cour). Au premier plan à droite un bas-relief inséré dans le béton «l'Homme Modulor».

Capitol. View from the Parliament building towards the silhouette of the Palace of Justice. In the foreground, right, a relief set in the concrete: "l'Homme Modulor".

Capitol. Blick vom Parlamentsgebäude auf die Silhouette des Justizpalastes. Im Vordergrund rechts ein in den Beton eingelassenes Relief «l'Homme Modulor».

Le groupe le plus important du Capitole – à droite, le Parlement; à gauche, au fond, le Secrétariat. Au premier plan, la pièce d'eau du palais de Justice (la Haute Cour). Les collines artificielles devant le Secrétariat n'ont pas été dressées comme les avait conçues Le Corbusier. Quelque harmonieuse que soit cette vue, il faut y ajouter, en pensée, les édifices manquants, par exemple ici: la Tour des Ombres.

The most important group of buildings constituting the Capitol – right, the Parliament, left, in the background, the Secretariat. In the foreground, the pool of the Palace of Justice. The artificial hills in front of the Secretariat have not been created and laid out in accordance with Le Corbusier's conceptions. Although the scene is harmonious in effect, there are still missing the buildings that belong here, such as, for instance, the Tower of the Shadows.

Die wichtigste Gebäudegruppe des Capitols – rechts das Parlament, links im Hintergrund das Sekretariat. Im Vordergrund das Wasserbassin des Justizpalastes. Die künstlichen Hügel vor dem Sekretariat sind nicht nach den Konzeptionen von Le Corbusier angelegt worden. So harmonisch das Bild wirkt, fehlen doch die dazu gehörenden Bauten, wie zum Beispiel hier der Turm der Schatten.

A droite: Vue sur la grande esplanade entre le Parlement et le palais de Justice. Au fond à gauche on voit amorcés les agrandissements du palais de Justice. Au milieu de l'esplanade: le monument des Martyrs.
En-bas: Vue sur le Parlement avec le bassin artificiel.

Right: View on to the large square between the Parliament and the Palace of Justice. Left background, the unobtrusive extension buildings attached to the Palace of Justice. In the square, centre: the Martyrs' Memorial.
Below: View on to the Parliament building with the artificial basin.

Rechts: Blick auf den großen Platz zwischen Parlament und Justizpalast. Links im Hintergrund sieht man unauffällig die Erweiterungsbauten zum Justizpalast. In der Platzmitte das Denkmal der Märtyrer.
Unten: Blick auf das Parlamentsgebäude mit dem künstlichen Wasserbassin.

Le Secrétariat et le Parlement en silhouette, à droite, la rampe du monument des Martyrs.

Secretariat and Parliament in silhouette; right, the ramp of the Martyrs' Memorial.

Sekretariat und Parlament in der Silhouette; rechts die Rampe des Denkmals der Märtyrer.

La superstructure du Parlement; à gauche, le triangle de la Chambre basse. A l'extrême gauche, la cage d'escalier vers la passerelle qui va vers le lanterneau de la grande salle de réunion. Cette passerelle n'est utilisée que pour le nettoyage.

The superstructure of the Parliament building, left, the triangle of the Council Chamber (lower house); far left, the stairway shaft leading to the footbridge joining up with the skylight of the large assembly hall. This footbridge is used solely for cleaning purposes.

Der Dachaufbau des Parlamentsgebäudes, links das Dreieck zum Council Chamber (Unterhaus), ganz links der Treppenschacht zur Passerelle, die das Oberlicht des großen Sitzungssaales verbindet. Diese Passerelle wird lediglich zu Reinigungszwecken verwendet.

Le péristyle du Parlement. A l'arrière-plan, le Secrétariat. Cette photographie a été prise en 1963 par M. Claudius Petit; elle était particulièrement appréciée par Le Corbusier.

The entrance peristyle leading to the Parliament building. In the background, the Secretariat. This view was made by Claudius Petit in 1963, and it was especially liked by Le Corbusier.

Das Eingangs-Peristylium zum Parlamentsgebäude. Im Hintergrund das Sekretariat. Diese Aufnahme hat im Jahre 1963 Claudius Petit gemacht; Le Corbusier schätzte sie ganz besonders.

Le passage couvert entre le Secrétariat et le Parlement. A l'arrière se trouvent les bassins artificiels (voir page 60).

The covered connecting passage between the Secretariat and the Parliament building. Behind it are the artificial basins (cf. page 60).

Der gedeckte Verbindungsgang zwischen dem Sekretariat und dem Parlamentsgebäude. Dahinter befinden sich die künstlichen Wasserbassins (siehe Seite 60).

A gauche: Le portail du Parlement, vu de l'intérieur, avec le panneau en émail créé par Le Corbusier.
En-bas: Le grand portail pivotant en fer. Les panneaux en émail ne sont pas encore posés.
L'image à droite: Le grand portail du Parlement (vue extérieure) avec la composition de 55 panneaux en émail.

Left: The inner side of the main gate to the Parliament building with the enamel composition by Le Corbusier.
Below: The pivoting main gate to the Parliament building, of steel. The enamel plates have not yet been installed.
Right in view: The main gate to the Parliament building (outside view) with the pictorial composition of 55 enamel plates.

Links: Die Innenseite des Hauptportals zum Parlamentsgebäude mit der Emailkomposition von Le Corbusier.
Unten: Das in seiner Achse schwenkbare Hauptportal zum Parlamentsgebäude in Eisenkonstruktion. Die Emailplatten sind noch nicht montiert.
Bildseite rechts: Das Hauptportal zum Parlamentsgebäude (Außenansicht) mit der Bildkomposition aus 55 Emailplatten.

1	Le Parlement	1	Parliament	1	Parlament
2	Le Secrétariat	2	Secretariat	2	Sekretariat
3	Le palais du Gouverneur	3	Governor's Palace	3	Gouverneurspalast
4	Le palais de Justice avec les annexes à l'est	4	Palace of Justice with the east extensions	4	Justizpalast mit den östlichen Erweiterungsbauten
5	La Tour des Ombres et la Fosse de la Considération	5	The Tower of Shadows with the Trench of Consideration	5	Der Turm der Schatten mit der «Fosse de la Considération»
6	Le monument des Martyrs	6	The Martyrs' Memorial	6	Das Denkmal der Märtyrer
7	Le monument de la Main Ouverte	7	The Monument of the Open Hand	7	Das Monument der Offenen Hand
C	Le club	C	Club house	C	Clubhaus
L	Le lac artificiel	L	The artificial lake	L	Der künstliche See
S	Les secteurs	S	Sectors	S	Sektoren

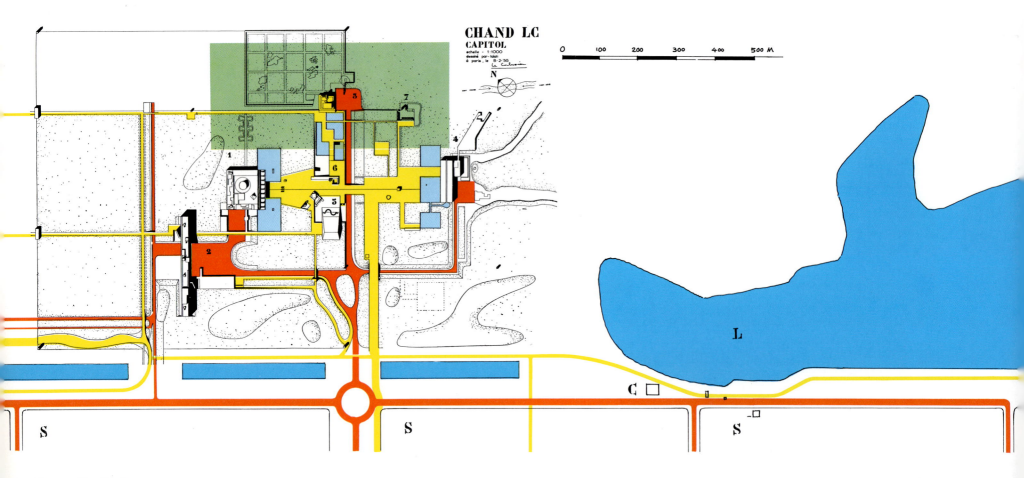

Malheureusement, il faut constamment se servir des maquettes pour illustrer l'ensemble où manquent bien des édifices.
A droite: Maquette du Capitole avec vue vers l'ouest. Au premier plan à gauche la Main Ouverte; à droite, le palais du Gouverneur; au centre au premier plan la Tour des Ombres avec la Fosse de la Considération; à droite, le Parlement, derrière lequel s'étend le long bâtiment du Secrétariat.

Unfortunately recourse must constantly be had to pictures of models in order to demonstrate the importance of still missing buildings and installations.
Right: Model view of the Capitol looking west. In the foreground, left, the Open Hand; right, the Governor's Palace; in middle foreground, the Tower of the Shadows with the Trench of Consideration; right, the Parliament building; behind, the elongated block of the Secretariat building.

Leider müssen immer wieder die Modellbilder beigezogen werden, um die Wichtigkeit der noch fehlenden Bauten und Anlagen zu demonstrieren.
Rechts: Modellaufnahme des Capitols mit Blick nach Westen. Im Vordergrund links die Offene Hand, rechts der Gouverneurspalast, in der Mitte vorn der Turm der Schatten mit der «Fosse de la Considération» (Graben der Kontemplation), rechts das Parlamentsgebäude, dahinter der langgezogene Block des Sekretariates.

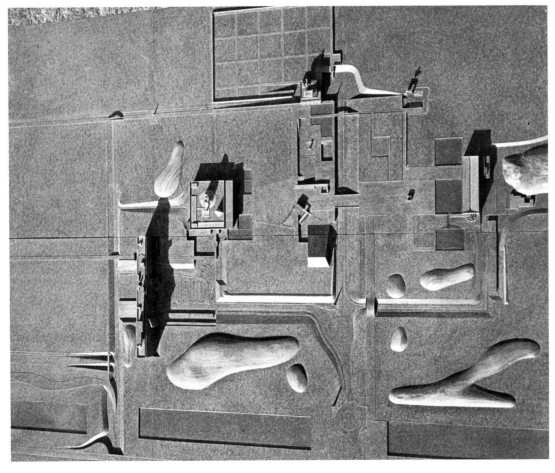

Le Capitole avec le bassin artificiel *(plan de situation à droite)*. L'aménagement marqué en vert n'a pas encore pu être exécuté (la Tour des Ombres fait partie de cet ensemble [5]). L'espace d'environ 500 m entre le Parlement et le palais de Justice est désertique actuellement. Il serait regrettable, voire même impardonnable, que la grande conception de Le Corbusier ne soit pas réalisée tôt ou tard.

The Capitol with the artificial lake *(site plan, right side)*. The area marked green has not yet been executed (including also the Tower of the Shadows [5]). The open area between the Parliament building and the Palace of Justice, approximately 500 m in width, appears at present like a wasteland. It would be regrettable, in fact unforgivable, if Le Corbusier's conception could not sooner or later be realized.

Das Capitol mit dem künstlichen See *(Lageplan rechte Buchseite)*. Die grün markierte Anlage konnte bis jetzt nicht ausgeführt werden (dazu gehört auch der Turm der Schatten [5]). Die freie Anlage zwischen dem Parlamentsgebäude und dem Justizpalast von annähernd 500 m Abstand wirkt heute verödet. Es wäre bedauerlich, ja unverzeihlich, wenn die Konzeption von Le Corbusier nicht früher oder später zur Ausführung gelangen könnte.

Les plans d'exécution du palais du Gouverneur sont prêts. Malheureusement l'ancien gouverneur du Pendjab avait préféré habiter dans le quartier des villas de Chandigarh. Mais cela ne devrait pas être un obstacle à l'exécution du palais d'après les plans de Le Corbusier, à condition de modifier l'affectation des locaux. On pourrait admettre que les étages principaux soient destinés à des réceptions, des conférences, des expositions et des concerts. Au dernier étage on pourrait installer des appartements pour les visiteurs officiels.

The plans for the Governor's Palace are ready for execution. Unfortunately, the then Governor of Punjab preferred to take up his residence in the villa district of Chandigarh. This, however, does not prevent the Palace from being realized in accordance with Le Corbusier's plans, with the building being devoted to some other purpose. It is perfectly conceivable that the main levels could be used for social occasions, lectures, exhibitions and concerts. On the top level an apartment for official visitors could be provided.

Die Pläne für den Gouverneurspalast liegen zur Ausführung vor. Leider hatte der damalige Gouverneur von Pandschab es vorgezogen, im Villenquartier von Chandigarh zu wohnen. Dies hindert aber nicht, den Palast nach den Plänen von Le Corbusier auszuführen, wobei die Räume für andere Zwecke verwendet werden können. Es wäre denkbar, daß die Hauptgeschosse gesellschaftlichen Anlässen, Vorträgen, Ausstellungen und Konzerten dienen könnten. Im obersten Geschoß könnte ein Appartement für Staatsbesuche vorgesehen werden.

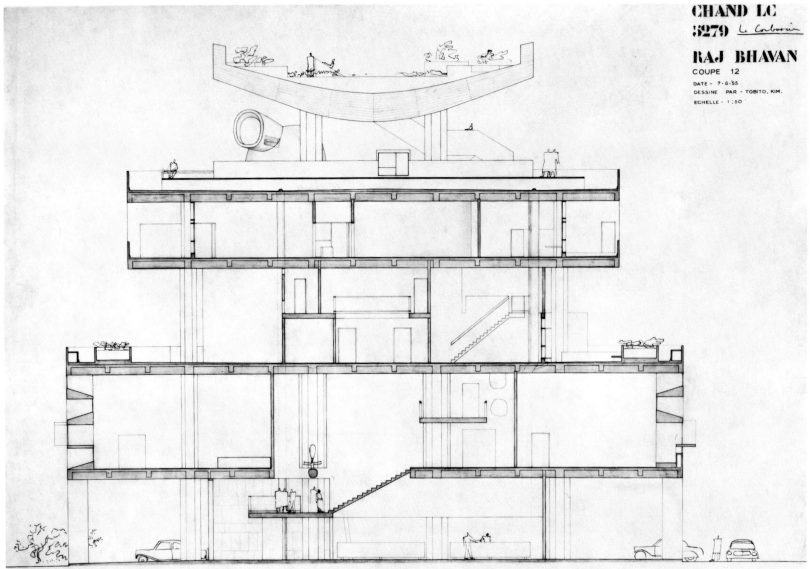

CHAND LC
5279 Le Corbusier

RAJ BHAVAN
COUPE 12
DATE - 7·6·55
DESSINE PAR - TOBITO, KIM.
ECHELLE - 1:50

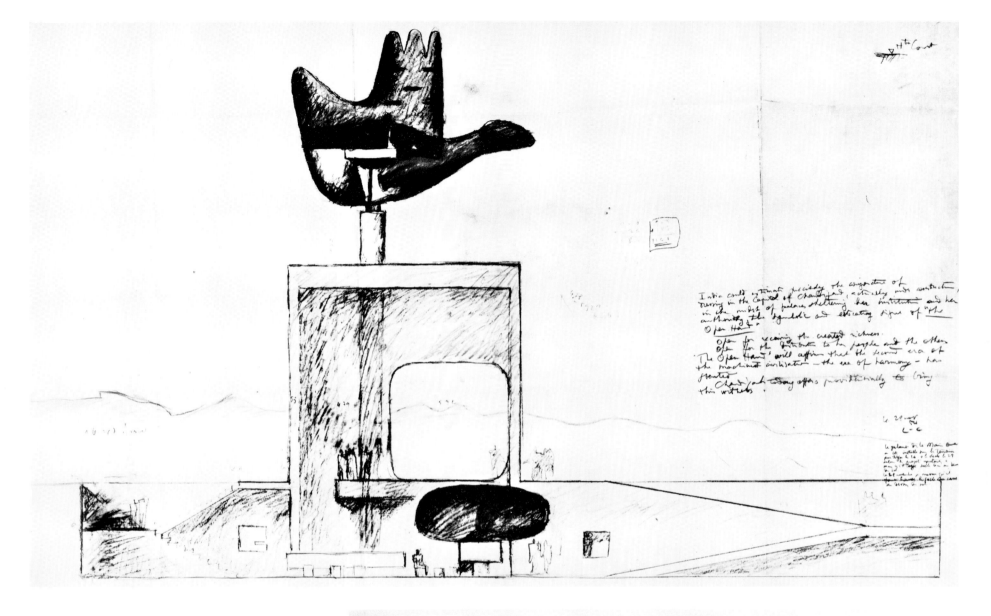

India could estimate precisely the acceptance of [...]
residing in the Capital of Chandigarh, actually under construction,
in the midst of palaces sheltering her institutions and her
authority, the symbolic and educating figure of "the
Open Hand".
Open for receiving the created richness.
Open for the [...] to be people and the other
The "Open Hand" will affirm that the second era of
the machinist civilisation — the era of harmony — has
started
Chandigarh today offers providentially to bring
this witness.

le 29 mai
L-C

Les plans du monument de la Main Ouverte sont prêts également. Une femme architecte hindoue a eu l'excellente idée de faire appel aux architectes du monde entier pour qu'ils contribuent financièrement à édifier ce monument comme mémorial Le Corbusier. La vue de droite est un photomontage.

Plans for the execution of the Monument of the Open Hand have also been prepared. An Indian woman architect has had the excellent idea that the architects of the entire world should finance this monument as a memorial to Le Corbusier, since this would make realization possible. The picture, right, is a photomontage.

Auch für das Monument der Offenen Hand liegen die Ausführungspläne fertig in der Schublade. Eine indische Architektin hatte die gute Idee, die Architekten der ganzen Welt sollten dieses Monument als Denkmal für Le Corbusier finanzieren, um damit die Ausführung zu ermöglichen. Das Bild rechts ist eine Photomontage.

Le palais du Gouverneur a été transformé en un musée de la Connaissance! Les quatre laboratoires sont quatre nefs vides dans lesquelles des installations continuellement mobiles peuvent permettre de réaliser les programmes spécifiques de chacun des quatre laboratoires. Ces quatre laboratoires sont consacrés chacun à une spécialité: technique, économique, sociologique, éthique.
Chacun des quatre laboratoires fait matérialiser ses travaux (transcription électronique) par l'atelier général qui occupe la totalité du sous-sol du palais.

En-bas: La maquette du musée, photographié en face de l'édifice de bureau de l'architecte en chef de la ville de Chandigarh.
La page à droite: Croquis d'étude de Le Corbusier pour les brise-soleil et les façades du musée.

The Palace of the Governor has become the Museum of Knowledge. The four laboratories are four empty bays in which continually mobile installations make it possible to carry out the specific programmes of each one of the four laboratories. These four laboratories are each devoted to a special field: technical, economic, sociological, ethical.
Each one of the four laboratories has its projects materialized (electronic recording) via the general centre which occupies the entire basement level of the palace.

Below: The model of the museum, photographed opposite the office of the chief architect of the city of Chandigarh.
Page on right: Study sketch by Le Corbusier for the *brise-soleil* and façades of the museum.

Aus dem Palast des Gouverneurs ist das Museum des Wissens geworden! Die vier Laboratorien sind vier leere Hallen, in denen die Einrichtungen konstant verändert werden können, um den jeweiligen Untersuchungen der Versuchsanstalt entsprechen zu können. Diese vier Laboratorien sind für folgende Spezialitäten bestimmt: Technik, Wirtschaft, Soziologie, Ethik. Alle vier Laboratorien übertragen ihre Resultate auf elektronischem Wege über das Zentralatelier, welches das gesamte Kellergeschoß des Palastes einnimmt.

Unten: Modell des Museums, aufgenommen gegenüber dem Bau, in dem der Chefarchitekt von Chandigarh sein Atelier hat.
Rechte Seite: Studienskizze von Le Corbusier für den Sonnenschutz und die Fassade des Museums.

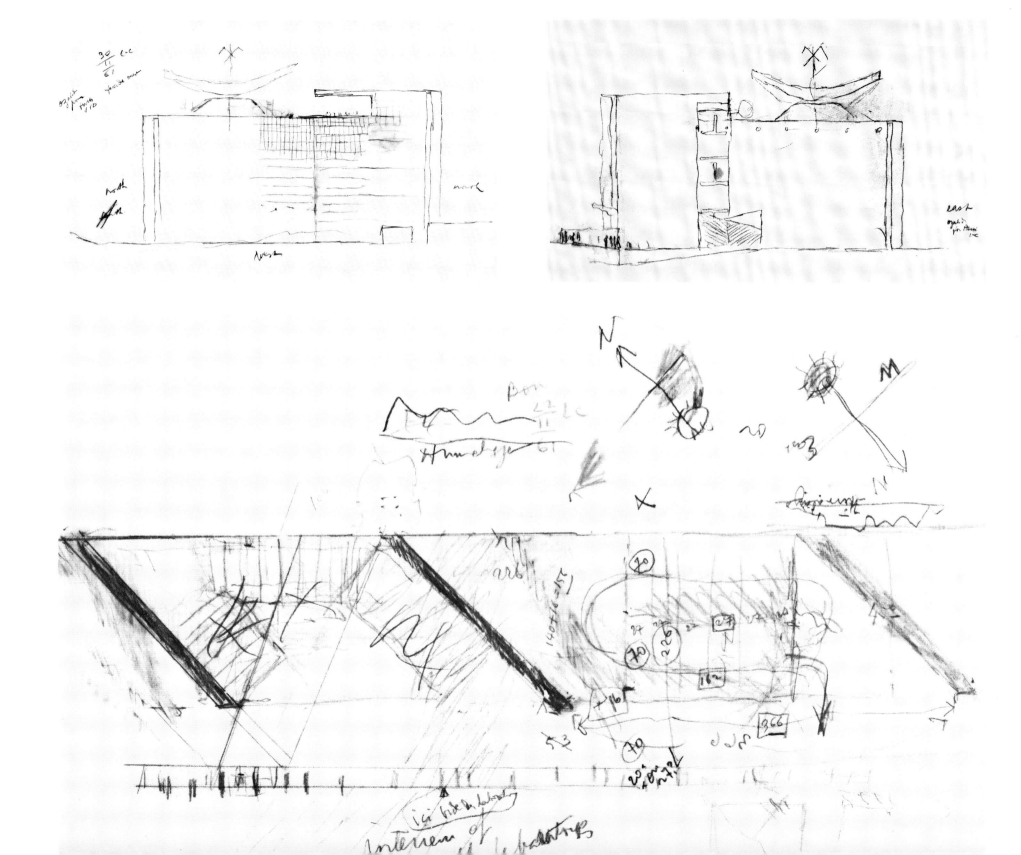

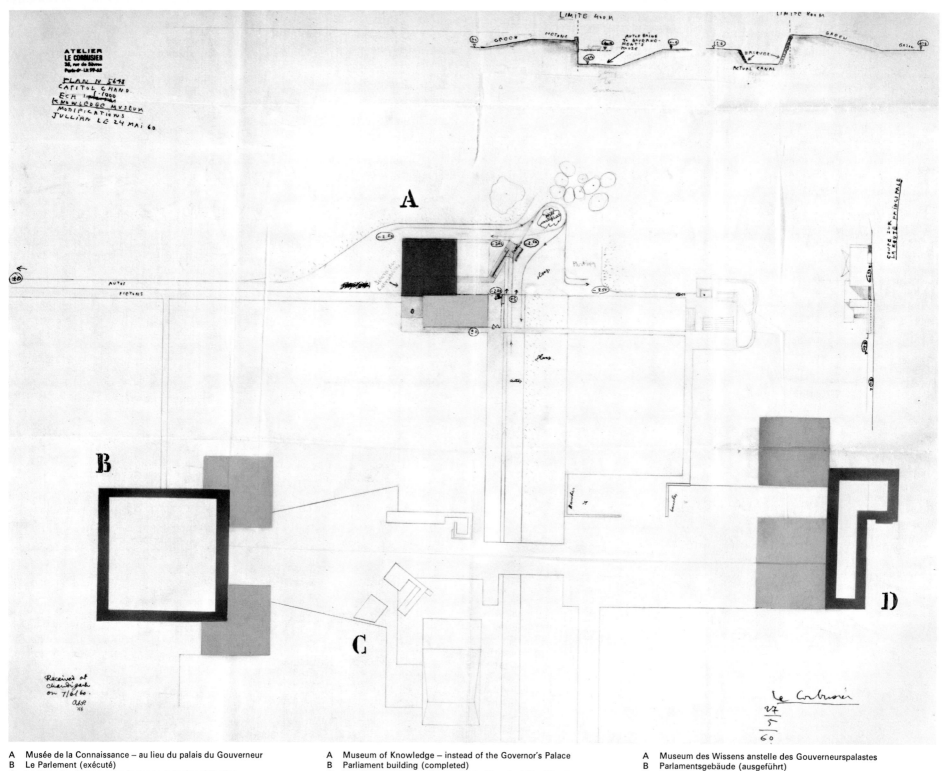

A   Musée de la Connaissance – au lieu du palais du Gouverneur
B   Le Parlement (exécuté)
C   La Tour des Ombres avec la Fosse de la Considération
D   Le palais de Justice (la Haute Cour) (exécuté)

A   Museum of Knowledge – instead of the Governor's Palace
B   Parliament building (completed)
C   The Tower of the Shadows with the Trench of Consideration
D   Palace of Justice (completed)

A   Museum des Wissens anstelle des Gouverneurspalastes
B   Parlamentsgebäude (ausgeführt)
C   Der Turm der Schatten mit der «Fosse de la Considération»
D   Justizpalast (ausgeführt)

Maquettes du Musée de la Connaissance.
A gauche: Au premier plan, la rampe d'accès et l'entrée du musée.
En-bas: La façade ouest et la rampe.

Model views of the Museum of Knowledge.
Left: In foreground, access ramp with entrance to the museum.
Below: West face with ramp.

Modellaufnahmen des Museums des Wissens.
Links: Im Vordergrund Zufahrtsrampe mit Eingang zum Museum.
Unten: Westfassade mit Rampe.

A droite: Coupe sur la rampe et les nefs des étages.
En-bas: La façade sud avec les brise-soleil.

Right: Cross section of ramp and halls on different levels.
Below: South face with the brise-soleil compositions.

Rechts: Querschnitt durch Rampe und Etagenhallen.
Unten: Südfassade mit den Sonnenbrecherkompositionen.

PART PLAN AT LEVEL 4.

PART PLAN AT LEVEL 3.

PART PLAN AT LEVEL 2.B

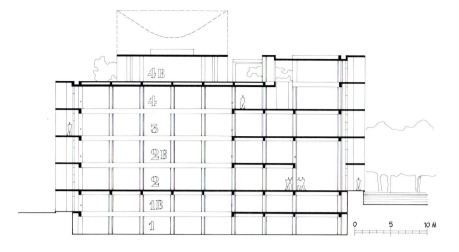

En-haut: Coupe transversale sur les laboratoires.
A gauche: Plan du niveau 2.
En-bas: La maquette. Vue du sud avec la rampe d'accès à droite et en dessus la passerelle des piétons.

Above: Cross section of the laboratories.
Left: Plan level 2.
Below: The model. View from south with access ramp (at right) and, above, the pedestrian footbridge.

Oben: Querschnitt durch die Laboratorien.
Links: Grundriß Niveau 2.
Unten: Modellaufnahme. Südansicht mit Zugangsrampe (rechts) und darüber die Passerelle der Fußgänger.

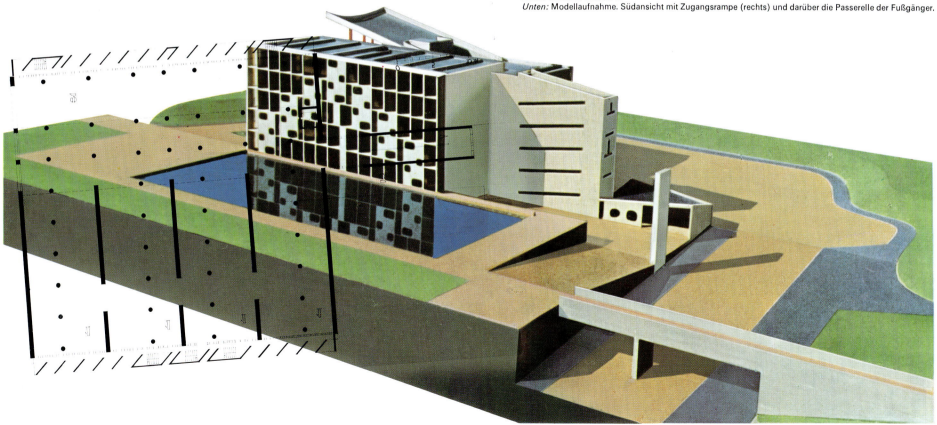

Artemis/ Corbusier – Bd 8 / 1965-1969 Bg 8

La Tour des Ombres est projetée aux abords du Capitole, entre le palais de Justice et le Parlement. C'est une halle ouverte, très haute et ombragée. Cette atmosphère sombre invite à la méditation. L'édifice est dirigé exactement nord–sud et rompt délibérément la symétrie de l'immense esplanade. Le côté nord est entièrement ouvert, tandis que les trois autres façades sont munies de brise-soleil.

Une rampe va de cette place vers les jardins situés en contrebas (la Fosse de la Considération).

A l'agence de Le Corbusier le cours du soleil en toutes les saisons a été examiné et noté très minutieusement afin de déterminer l'orientation des brise-soleil.

On ne peut que regretter amèrement que cet édifice n'ait pas encore été réalisé. De même que le palais du Gouverneur et la Main Ouverte, cette Tour des Ombres fait partie de l'ordonnance harmonieuse dont devrait être fait l'ensemble du Capitole.

The Tower of the Shadows is planned to go between the Palace of Justice and the Parliament building, in the Capitol area. It is a lofty, open-sided hall providing ample shade. In the subdued atmosphere thus created, one can be free to meditate. The building is aligned precisely on the north–south axis, so that it agreeably interrupts the severe symmetry of the enormous square. The north side is entirely open, and the other three faces are furnished with brise-soleil.

A ramp leads from this square into the sunken park (the Trench of Consideration).

In the Le Corbusier studio in Paris, the track of the sun for all seasons is most precisely recorded for all important buildings, in order to determine the position of the brise-soleil.

Again we can only express our deepest regret that this structure has so far not been executed. Like the Governor's Palace, the Open Hand and this Tower of the Shadows are components of the harmonious composition of the total Capitol complex.

Der Turm der Schatten ist im Capitolareal zwischen Justizpalast und Parlamentsgebäude projektiert. Es handelt sich um eine hohe, schattenspendende, offene Halle. In dieser abgedunkelten Atmosphäre kann man sich zur Meditation zurückziehen. Das Gebäude ist genau in die Nord–Süd-Achse abgedreht, so daß es die strenge Symmetrie des riesigen Platzes angenehm unterbricht. Die Nordseite ist vollständig geöffnet, und die übrigen drei Fassaden sind mit Sonnenbrechern versehen.

Eine Rampe führt von diesem Platz in die tiefer liegenden Parkanlagen (la «Fosse de la Considération»).

Im Atelier Le Corbusier in Paris wurde die Sonnenbahn für alle Jahreszeiten für alle wichtigen Bauten auf das genaueste aufgezeichnet, um die Stellung der Sonnenbrecher zu bestimmen. Man muß wiederum das tiefe Bedauern aussprechen, daß dieses Bauwerk bis jetzt nicht zur Ausführung gelangen konnte. Wie der Gouverneurspalast und die Offene Hand ist auch dieser Turm der Schatten ein Bestandteil zu einer harmonischen Komposition des gesamten Capitolkomplexes.

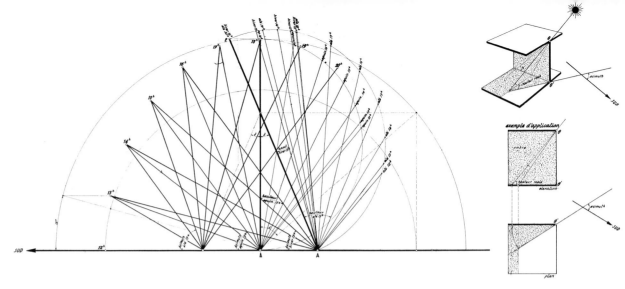

Schéma pour la détermination de l'ensoleillement (exemple).
Diagram for determining incidence of sunlight (example).
Schema zur Bestimmung der Besonnung (Beispiel).

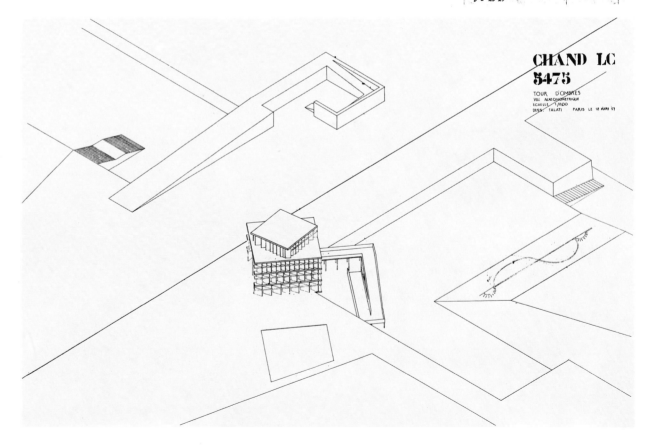

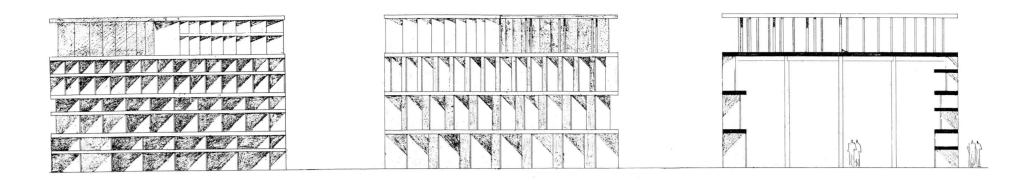

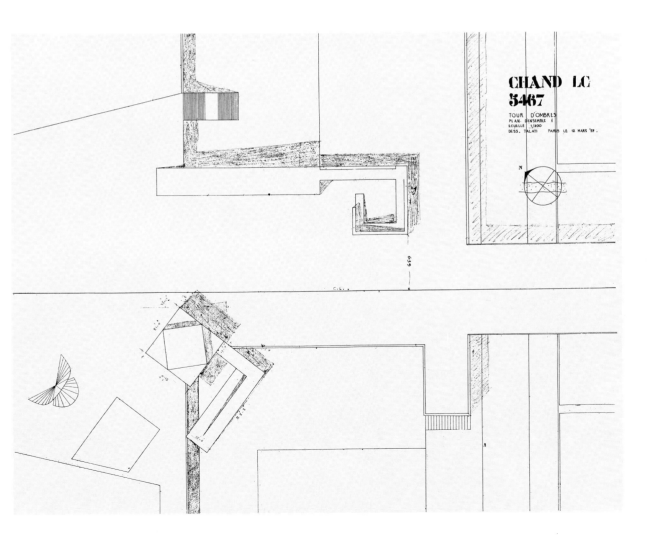

CHAND LC
5467

TOUR D'OMBRES
PLAN. D'ENSEMBLE !
ECHELLE 1/200
DESS. TALATI   PARIS LE 12 MARS '57 .

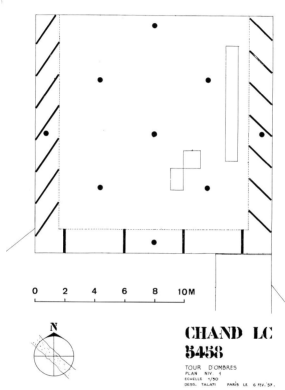

0   2   4   6   8   10M

CHAND LC
5458

TOUR D'OMBRES
PLAN NIV. 1
ECHELLE 1/50
DESS. TALATI   PARIS LE 6 FEV.'57 .

Les façades, coupe et plan.
A gauche: Le plan d'ensemble.

The faces, section and plan.
Left: The plan of the complex.

Fassaden, Schnitt und Grundriß.
Links: Die Gesamtanlage.

Les bâtiments annexes à l'est du palais de Justice sont destinés aux archives et aux bureaux. Le Corbusier s'est particulièrement préoccupé de ces annexes, qui se sont révélées indispensables, et il cherchait à éviter qu'elles nuisent à l'unité de l'ensemble. Ces annexes peuvent être développées indéfiniment vers le nord.

The extensions east of the Palace of Justice are for the additional accommodation of archives and office premises. Le Corbusier agreed to design these unfortunately needed annexes, since he wished to avoid at all costs any disturbance of the architectural unity of the complex. The extensions can, if need be, be continued towards the north.

Die Erweiterungsbauten östlich des Justizpalastes dienen der zusätzlichen Unterbringung von Archivräumen und Büros. Le Corbusier hat sich dieser leider notwendig gewordenen Anbauten besonders angenommen, da er eine Störung der architektonischen Einheit unbedingt vermeiden wollte. Die Erweiterungen können beliebig in nördlicher Richtung fortgesetzt werden.

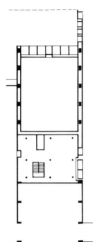

A

A L'angle nord-est du palais de Justice.
B Les annexes déjà achevées.

A The north-east corner of the Palace of Justice.
B The already completed extensions.

A Die nordöstliche Ecke des Justizpalastes.
B Die bereits ausgeführten Erweiterungsbauten.

B

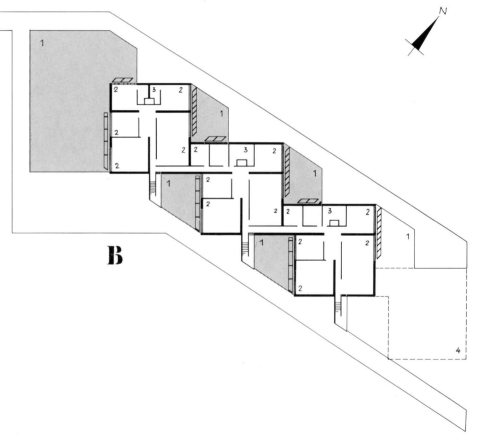

A droite: Le lac Sukhna avec le Capitole à l'arrière-plan
Right: The Sukhna Lake with the Capitol in the background.
Rechts: Der Sukhnasee mit dem Capitol im Hintergrund.

Le club. Le Corbusier voulait éviter de construire des bâtiments au nord du Capitole, afin de sauvegarder la vue sur l'étendue du paysage et sur les montagnes de l'Himalaya; c'était une disposition impérative. Cependant le club s'est révélé nécessaire; aussi Le Corbusier le situa-t-il 3 mètres en contrebas du niveau de la rue, de manière à ne pas être vu de la promenade. L'édifice en béton armé est sobre et paraît s'incorporer aisément au paysage grâce à des volumes très simples.

The Club House. North of the Capitol no additional structures were to be erected, in order not to impede the view of the open landscape and the foothills of the Himalaya. This was an express condition laid down by Le Corbusier. The Club House, however, was a necessity. Le Corbusier designed a complex lying 3 metres beneath road level, so that the house is scarcely visible from the promenade. The reinforced concrete construction is simple and plain, and its severe lines harmonize entirely with the natural setting.

Das Clubhaus. Nördlich des Capitols sollten keinerlei zusätzliche Gebäulichkeiten aufgestellt werden, um die freie Sicht in die weite Landschaft und zu den Vorgebirgen des Himalaya nicht zu stören. Dies war eine ausdrückliche Bestimmung von Le Corbusier. Das Clubhaus wurde jedoch eine Notwendigkeit. Le Corbusier entwarf eine Anlage, die 3 Meter unter dem Straßenniveau liegt, so daß das Haus von der Promenade aus kaum zu sehen ist. Der Eisenbetonbau ist schlicht und wirkt in seiner anspruchslosen Formung völlig der Natur untergeordnet.

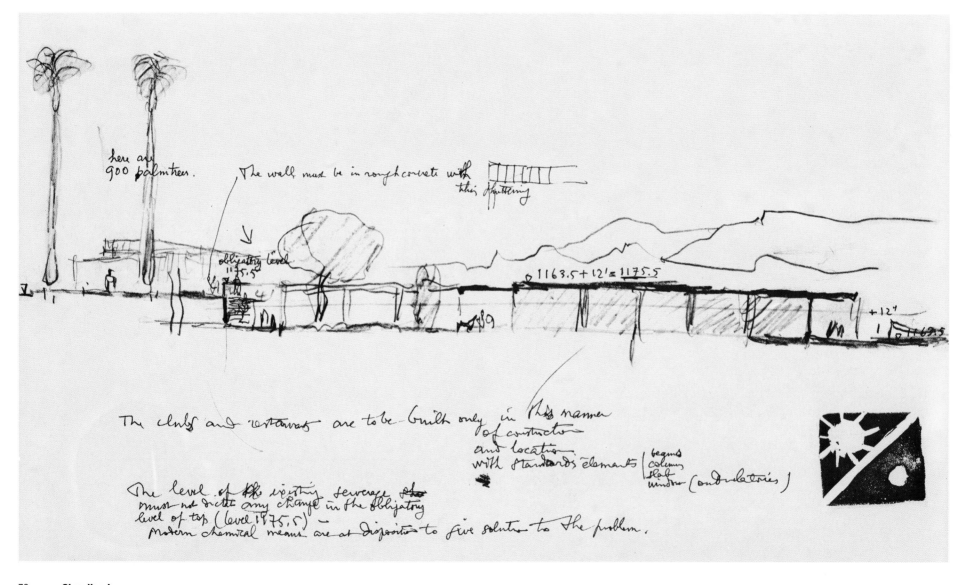

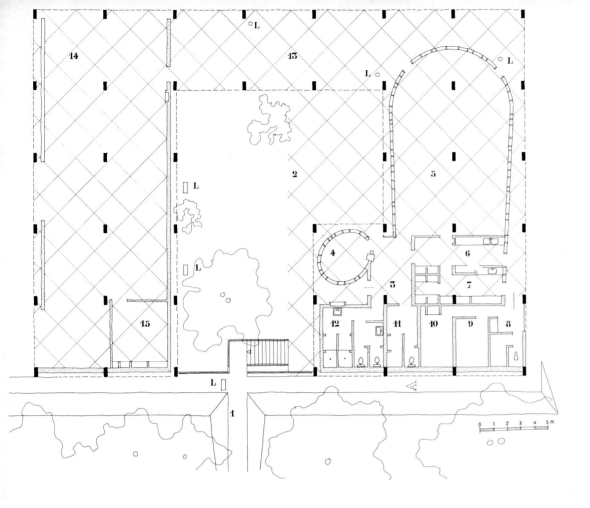

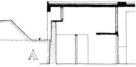

Le plan du club
1 Entrée
2 Terrasse
3 Vestibule
4 Bureau
5 Restaurant
6 Office
7 Cuisine
8 Toilettes pour les employés
9, 10 Bureaux du gérant
11, 12 Toilettes et douches
13 Véranda
14 Atelier
15 Dépôt
L Luminaire

En-haut: La façade est. Coupe A sur les toilettes.
A gauche: L'entrée du club.
Sur la page à droite: Vue dans la terrasse, au centre un luminaire.

Plan of the club
1 Entrance
2 Open terrace
3 Entrance hall
4 Office
5 Restaurant
6 Pantry
7 Kitchen
8 Employees' toilets
9, 10 Manager's offices
11, 12 Toilets and showers
13 Veranda
14 Workshop
15 Stores
L A lighting fixture

Above: The east face. Section A of toilets.
Left: The entrance of the club.
On right-hand page: View on to the open terrace, in centre, a lighting fixture.

Grundriß des Clubhauses
1 Eingang
2 Offene Terrasse
3 Eingangshalle
4 Büro
5 Restaurant
6 Diensträume
7 Küche
8 WC für Angestellte
9, 10 Büros des Verwalters
11, 12 WC und Duschen
13 Veranda
14 Werkstätte
15 Lager
L Beleuchtungskörper

Oben: Ostfassade. Schnitt A durch die WC-Anlagen.
Links: Eingang zum Clubhaus.
Seite rechts: Blick auf die offene Terrasse. In der Mitte ein Beleuchtungskörper.

La digue. Chandigarh est entourée par les rivières Patiali et
Mani Majra qui sont desséchées en général, sauf à l'époque de
la mousson. Des nuages de sable pénétraient dans la ville
durant les mois torrides de mai et juin. Des arbres et des arbris-
seaux ont été plantés le long de ces rivières et la ville a été
protégée ainsi des désagréments du sable; l'une des rivières a
été munie d'un barrage.
En 1955, le boulevard des Eaux a été prolongé par une digue,
le barrage ayant plus de 20 mètres de haut et 4 kilomètres de
long. Le lac d'accumulation ainsi créé a modifié les caracté-
ristiques du climat.

The Causeway. Chandigarh is surrounded by the rivers Patiali
and Mani Majra, which carry water only during the monsoon
season. At all other times of the year they are dry. During the
hot months of May and June, enormous amounts of dust used
to blow into the city. Trees and shrubs were planted as a pro-
tective zone along these rivers, so that the city is now free of the
inconvenience of this flying sand. One of these rivers has been
dammed.
In 1955 the Water Boulevard was extended in the shape of a
causeway, or dam, the retaining wall being more than 20
metres high and 4 kilometres long. This dam, with its width on
top of 24 metres, thus yielded a promenade. The artificial lake
created behind the dam has modified the climate of the city.

Der Damm. Chandigarh ist von den Monsunflüssen Patiali und
Mani Majra umgeben. Sie sind trocken, ausgenommen zur
Monsunzeit. Große Staubmengen pflegten während der hei-
ßen Monate Mai und Juni in die Stadt einzudringen. Bäume
und Sträucher wurden entlang dieser Flüsse als Schutzgürtel
gepflanzt, so daß die Stadt nun frei von der Unannehmlichkeit
dieses fliegenden Sandes ist. Einer dieser Flüsse wurde ge-
staut.
Im Jahre 1955 wurde der Boulevard des Wassers durch einen
Damm verlängert, mit einer Staumauer von mehr als 20 Metern
Höhe und 4 Kilometern Länge. Diese Staumauer ergab dann
eine 24 Meter breite Promenade. Der dadurch entstandene
künstliche See veränderte die klimatischen Verhältnisse der
Stadt.

Control gate to Sukhna-Dam

Le Corbusier

Le portail conduisant aux quais du lac Sukhna, avec les esquisses de Le Corbusier. A l'époque de la mousson le niveau de l'eau atteint jusqu'à un mètre en dessous de la cote de la rive.

The gateway to the landing-stages on the Sukhna Lake, with sketches by Le Corbusier. During the monsoon season, the water rises to within one metre of the shore of the lake.

Das Portal zu den Quaianlagen des Sukhnasees mit Skizzen von Le Corbusier. Zur Monsunzeit steigt das Wasser bis zu einem Meter unter das Seeufer.

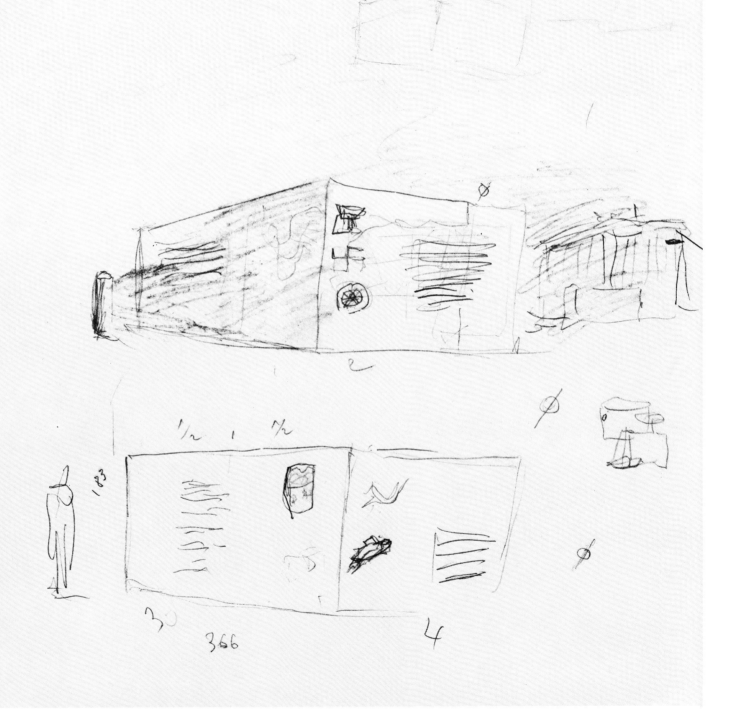

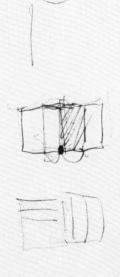

Le bloc commémoratif près de la digue. Un grand bloc commémoratif en béton a été dressé au bord du lac Sukhna pour rappeler la construction de la grande digue. Des reliefs d'après des dessins et des symboles populaires ont été insérés dans le béton. Une inscription déclare:
«Les fondateurs de Chandigarh ont offert ce lac et cette digue aux habitants de la nouvelle ville, afin qu'ils puissent échapper aux désagréments de la vie en ville et jouir dans la paix et le silence de la beauté de la nature» (Traduction).

The memorial stone at the dam. A concrete block has been set up by the Sukhna Lake as a monument commemorating the construction of the mighty dam. Reliefs based on popular drawings and symbols were set in the concrete. The block bears the following inscription:
"The founders of Chandigarh have offered this lake and dam to the citizens of the new city so that they may escape the humdrum of city life and enjoy the beauty of nature in peace and silence."

Der Gedenkstein beim Damm. Neben dem Sukhnasee wurde ein Betonblock errichtet als Gedenkstein für den Bau des gewaltigen Dammes. Reliefs nach volkstümlichen Zeichnungen und Symbolen wurden in den Beton eingelassen. Eine Inschrift hat folgenden Wortlaut:
«Die Gründer von Chandigarh haben diesen See und den Damm den Bürgern der neuen Stadt errichtet, damit sie den Unannehmlichkeiten des Stadtlebens entfliehen und in Frieden und Ruhe die Schönheiten der Natur genießen können» (Übersetzung).

Le centre de la ville. Si la Nouvelle-Delhi offre un singulier mélange de bâtiments de tous les styles, comprenant les styles moyenâgeux hindous, pathan et mughal, ainsi que le style colonial anglais, Le Corbusier, au contraire, a voulu éviter l'incohérence en adoptant un système uniforme pour tous les bâtiments exécutés et à prévoir. Les plans sont cependant assez souples pour pouvoir varier selon les besoins administratifs, commerciaux, hôteliers, etc.

The City Centre. New Delhi is a strange mixture of buildings, including medieval Hindu, Pathan and Mogul structures as well as edifices in the British Colonial style. Le Corbusier wished to avoid such incoherence in the City Centre by creating a construction scheme for all buildings erected or to be erected here. The plans can constantly vary in keeping with their functions as office buildings, hotels, shops, etc.

Das Stadtzentrum. Neu-Delhi ist eine seltsame Mischung von Gebäuden, welche den mittelalterlichen Hindu-, Pathan- und Mughal- sowie den britischen Kolonialstil umfassen. Dies wollte Le Corbusier für das Stadtzentrum vermeiden, indem er für alle hier erbauten und noch zu erstellenden Gebäude ein Bauschema schuf. Die Grundrisse können immer wieder den Zwecken für Büros, Hotels, Geschäftsräume usw. entsprechend variieren.

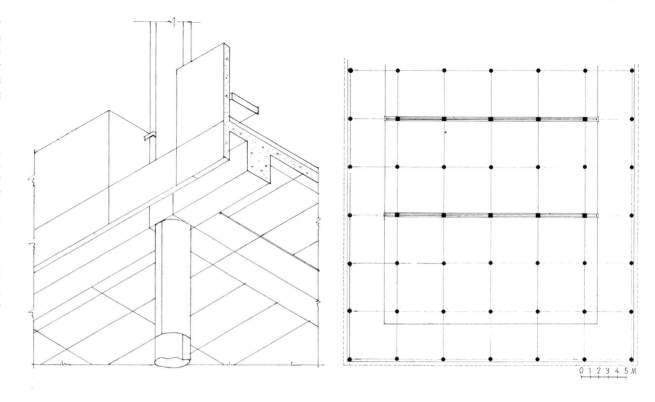

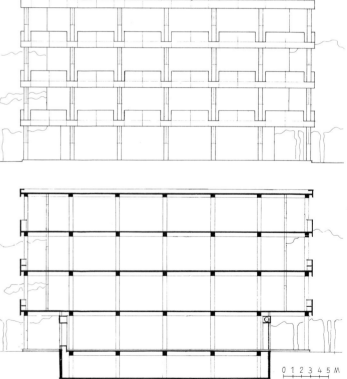

L'architecte M. N. Sharma montre le centre de la ville (secteur 17) sur le grand plan d'ensemble.

The architect, M. N. Sharma, points to the City Centre (sector 17) on the large plan of the city.

Der Architekt M. N. Sharma zeigt das Stadtzentrum (Sektor 17) auf dem großen Stadtplan.

Le centre de la ville est formé par plusieurs places reliées entre elles par des avenues. Actuellement, ce centre urbain, destiné avant tout au commerce, manque encore de plantations et ces places dépourvues d'ombrages sont assez pénibles.

Ce secteur 17 est presque inhabité, mais il est animé, pendant la journée, par les multiples boutiques, bazars, restaurants, cafés, banques et grands magasins.

Il semble que ce centre urbain apparaisse aujourd'hui un peu problématique, car son ordonnance est toute différente de celle des étroites rues commerçantes des villes d'Asie, pleines de mouvement et de bruit à l'ombre des façades.

The City Centre consists of different squares tied together by broad avenues. At the present time, when this centre is still devoid of any sort of vegetation, the unshaded open areas can be quite unpleasant.

This sector 17 is virtually uninhabited, but it is enlivened during the daytime by the many shops, bazaars, restaurants, cafés, banks and department stores.

There is no doubt that at present the City Centre still looks like an experiment. The urban articulation here is in sharp contrast to the "oriental" bazaar streets, the narrow alleys full of noise and plunged in shadow.

Das Stadtzentrum besteht aus verschiedenen Plätzen mit verbindenden breiten Straßen. Heute, wo dieses Stadt- und Einkaufszentrum noch bar jeglicher Vegetation ist, können diese unbeschatteten Plätze zur Pein werden.

Dieser Sektor 17 ist fast unbewohnt, aber er wird tagsüber belebt durch die vielen Läden, Basars, Restaurants, Cafés, Banken und Großgeschäfte.

Zweifellos scheint heute das Stadtzentrum noch ein Experiment zu sein. Die städtebauliche Aufgliederung steht in krassem Gegensatz zu den orientalischen und asiatischen Geschäftsstraßen, den engen Gassen voll Lärm und Schatten.

De toutes les villes de l'Inde, seule Chandigarh peut prétendre être une ville résolument moderne, «affranchie des traditions du passé», ainsi que le déclara Jawaharlal Nehru avec tant de pertinence.

L'exécution des bâtiments du centre de la ville a été confiée à plusieurs architectes hindous. Pierre Jeanneret a réalisé les indications de Le Corbusier en en surveillant l'exacte exécution.

Les plans peuvent varier à volonté, mais un espace le long des façades doit être respecté pour assurer l'ombre.

Of all the cities of India, only Chandigarh can claim to be an absolutely modern town, ''untouched by the tradition of the past'', as Jawaharlal Nehru so aptly remarked.

The execution of the buildings for the City Centre was assigned to different Indian architects. Pierre Jeanneret conscientiously supervised and organized the schemes determined by Le Corbusier.

The plans can vary as required, but must respect a sufficiently large open surface along the façades as anti-glare protection.

Von allen Städten Indiens kann Chandigarh allein beanspruchen, eine absolut moderne Stadt zu sein, «unberührt von der Tradition der Vergangenheit», wie Jawaharlal Nehru so richtig bemerkte.

Die Ausführung der Bauten für das Stadtzentrum wurde verschiedenen indischen Architekten übertragen. Pierre Jeanneret hat die von Le Corbusier bestimmten Schemata verantwortungsvoll überwacht und gestaltet.

Die Grundrisse können beliebig variieren, müssen jedoch eine genügende Freifläche als Sonnenschutz längs der Fassaden respektieren.

Musée et galerie des Beaux-Arts. Le Corbusier a construit des musées semblables à Ahmedabad (Inde) en 1952 et à Tokyo en 1956.

Le musée de Chandigarh est situé sur la Jan Marg dont l'accès se trouve du côté de la Vallée des Loisirs. La lumière indirecte est largement utilisée. A noter la coloration vive des parois: le noir, le blanc, le rouge et le jaune. Dans la partie occidentale il y a une salle de conférences pour 200 personnes. Sur le toit, il y a d'intéressants canaux avec d'immenses gargouilles.

Museum and Art Gallery. Le Corbusier built similar museums in Ahmedabad (India) in 1952 and in Tokyo in 1956.

The Chandigarh Museum is situated on the Jan Marg, whose entrance is on the side of the Leisure Valley. Generous use was made of indirect light sources. A notable feature here is the intensive painting of the walls, black, white, red and yellow. On the west side there is a lecture hall for 200 persons. Of special interest are the water ducts installed on the roof and the huge sprinklers.

Museum und Kunstgalerie. Ähnliche Museen baute Le Corbusier in Ahmedabad (Indien) im Jahre 1952 und 1956 in Tokio.

Das Chandigarh-Museum liegt an der Jan Marg, deren Zugang auf der Seite des Tales der Erholung liegt. Die Auswertung der indirekten Lichtquellen wurde ausgiebig ausgenützt. Bemerkenswert ist die intensive Bemalung der Wände, schwarz, weiß, rot und gelb. Auf der Westseite befindet sich ein Vortragssaal für 200 Personen. Beachtenswert sind die auf dem Dach angebrachten Wasserkanäle mit den gewaltigen Ausspeiern.

A	La boîte à miracle	4	L'accès du pavillon par la rampe
B	Le pavillon des expositions	5	L'entrée du musée
C	Le musée	6	Le grand vestibule
D	Le théâtre spontané	7	La rampe
E	Le collège d'Art (l'aile occidentale n'est pas encore exécutée)	8	Les archives
		9	La salle des conférences
P	Le stationnement	10	Les cours intérieures
1	Les spectateurs	11	L'entrée du collège
2	La scène	12	Les bassins
3	Le bassin		

A	Miracle box	4	Entrance to pavilion with ramp
B	Exhibition pavilion	5	Entrance to Museum
C	The Museum	6	Large hall
D	The Spontaneous Theatre	7	Ramp
E	College of Art (west wing not yet completed)	8	Archive rooms
		9	Lecture hall
P	Parking	10	Interior courts
1	Spectators	11	Entrance to College
2	Stage	12	Pools
3	Pool		

A	Mehrzwecktheater	4	Eingang Pavillon mit Rampe
B	Ausstellungspavillon	5	Eingang Museum
C	Museum	6	Große Halle
D	Stegreiftheater	7	Rampe
E	Kunstschule (Westflügel ist noch nicht ausgeführt)	8	Archivräume
		9	Vortragssaal
P	Parking	10	Innenhöfe
1	Zuschauer	11	Eingang Kunstschule
2	Bühne	12	Wasserbassins
3	Wasserbassin		

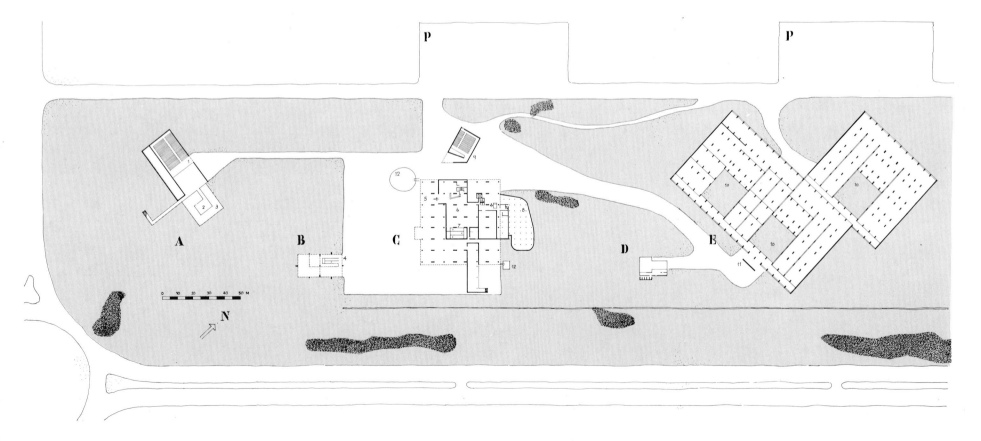

A droite: La vue de maquette avec l'aile occidentale et la salle des conférences.
En-bas: Le musée vu de l'ouest avec la salle des conférences, en saillie.

Right: Model view of the west side with lecture hall.
Below: The Museum likewise seen from the west, with the projecting lecture hall.

Rechts: Modellaufnahme der Westseite mit Vortragssaal.
Unten: Das Museum, ebenfalls von Westen gesehen, mit dem vorgebauten Vortragssaal.

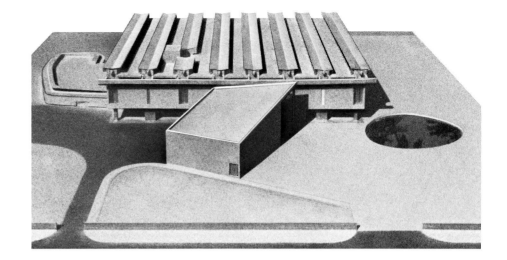

La façade sud du musée. A l'époque de la mousson, le fossé arrondi se transforme en un bassin rafraîchissant qui restera plein d'eau durant des mois.

The south face of the Museum. The round depression in the foreground becomes a refreshing pool during the monsoon season, and remains filled with water for months.

Die Südfassade des Museums. Aus dem runden Graben im Vordergrund wird zur Monsunzeit ein erfrischendes Wasserbassin, das monatelang mit dem kostbaren Naß angefüllt bleiben wird.

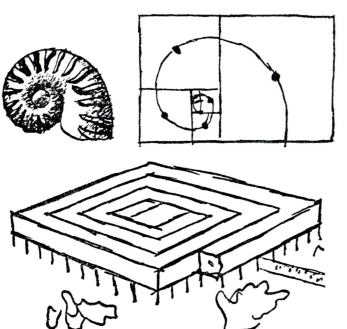

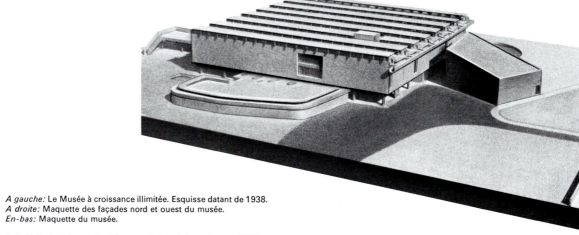

A gauche: Le Musée à croissance illimitée. Esquisse datant de 1938.
A droite: Maquette des façades nord et ouest du musée.
En-bas: Maquette du musée.

Left: Unlimited Expansion Museum. A sketch from the year 1938.
Right: Model view of the north and west side of the Museum.
Below: A model view of the Museum.

Links: Museum mit unbegrenztem Wachstum. Eine Skizze aus dem Jahre 1938.
Rechts: Modellaufnahme der Nord- und Westseite des Museums.
Unten: Eine Modellaufnahme des Museums.

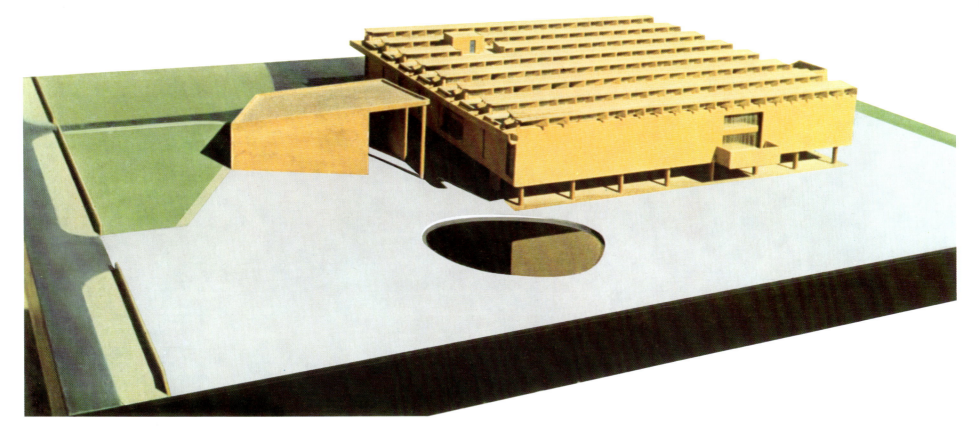

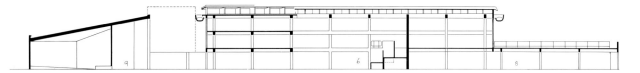

A gauche: Coupe transversale sur le musée. 9 La salle des conférences.
6 Le grand vestibule. 8 Les archives.
En-bas: Diverses vues du musée.

Left: Section of the Museum. 9 Lecture hall. 6 The large entrance hall.
8 Archives.
Below: Different elevation views of the Museum.

Links: Schnitt durch das Museum. 9 Vortragssaal. 6 Die große Eingangshalle.
8 Archivräume.
Unten: Verschiedene Ansichten des Museums.

A droite: Coupe sur le musée. 5 Le passage couvert. 6 Le grand vestibule. 8 Les archives.
En-bas: Le grand vestibule du musée. La lumière est diffuse et agréable.

Right: Section of the Museum. 5 The covered entrance. 6 The large entrance hall. 8 Archives.
Below: The large hall of the Museum. The daylight penetrating the hall is pleasantly moderated.

Rechts: Schnitt durch das Museum. 5 Der gedeckte Eingang. 6 Die große Eingangshalle. 8 Archivräume.
Unten: Die große Halle des Museums. Das eindringende Tageslicht ist ausgeglichen und angenehm.

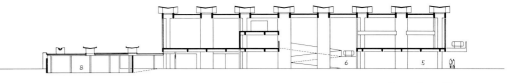

Quelques vues intérieures du musée: La grande rampe, la vue dans les salles d'exposition.

A number of views of the interior of the Museum: The large connecting ramp, view into the exhibition halls.

Einige Bilder vom Innern des Museums: Die große Verbindungsrampe, Blick in die Ausstellungssäle.

A gauche: Le grand vestibule relie trois niveaux.
A droite: Le vestibule de l'étage.

Left: The large entrance hall connects three levels.
Right: The hall on the upper level.

Links: Die große Eingangshalle verbindet drei Niveaus.
Rechts: Die Halle im Obergeschoß.

L'Ecole des Beaux-Arts et l'Ecole d'Architecture. Les deux écoles sont disposées d'une manière semblable. Les ateliers et les classes sont groupés sur des cours intérieures. Les bâtiments sont orientés strictement nord–sud, afin de bénéficier de l'éclairage au nord. Les salles sont subdivisées au moyen de parois basses. Le Corbusier a ordonné que ces écoles et le musée soient construits en briques brun-rouge, habituelles aux Indes, et que, pour le moins, les façades soient revêtues de ces briques; il voulait éviter ainsi que les constructions érigées à proximité du Capitole ne prennent trop d'importance par rapport aux grands édifices représentatifs en béton.

College of Art and College of Architecture. The two Colleges have similar layouts. Their studios and classrooms are grouped around interior courtyards. The buildings are severely oriented north and south, so that light enters from the north. The halls are separated by low partitions. Le Corbusier determined that these school complexes and the Museum had to be built of the reddish-brown brick that is common in India, or at least faced with this brick; in this way he sought to prevent buildings within sight of the Capitol from attracting too much attention from his prestige buildings of concrete.

Die Kunstschule und die Architekturschule. Die beiden Schulen haben ähnliche Anlagen. Ihre Atelier- und Unterrichtsräume gruppieren sich um innere Höfe. Die Bauten sind streng von Norden nach Süden orientiert, so daß ein absolutes Nordlicht eindringt. Die Säle sind durch niedrige Wände unterteilt. Le Corbusier hat bestimmt, daß diese Schulkomplexe und das Museum mit den in Indien üblichen rotbraunen Backsteinen gebaut oder jedenfalls verkleidet werden müssen; damit wollte er verhindern, daß Bauwerke in Sichtnähe des Capitols seine Repräsentativbauten aus Beton überspielen.

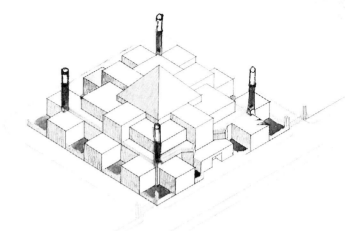

1910: Une première étude pour une école d'art.
1910: First study for an art school.
1910: Erste Studie zu einer Kunstschule.

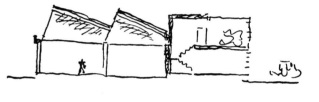

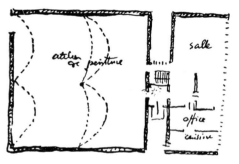

1929: Projet d'un atelier de peinture avec toiture en shed.
1929: Design for a painter's studio with shed roof.
1929: Entwurf zu einem Maleratelier mit Sheddach.

A gauche: Les gargouilles et le petit bassin.
Left: Water sprinkler with small pool.
Links: Wasserspeier mit kleinem Wasserbassin.

L'esquisse de Le Corbusier pour les sheds des deux écoles. A part le bon éclairage par le nord, cette toiture offre une bonne aération.

The sketch by Le Corbusier for the design of the shed roofs for the two school complexes. This form of roof ensures good light incidence as well as optimum ventilation.

Die Skizze von Le Corbusier zur Gestaltung der Sheddächer für die beiden Schulanlagen. Nebst dem einwandfreien Lichteinfall von Norden sorgt die Dachform auch für gute Belüftung.

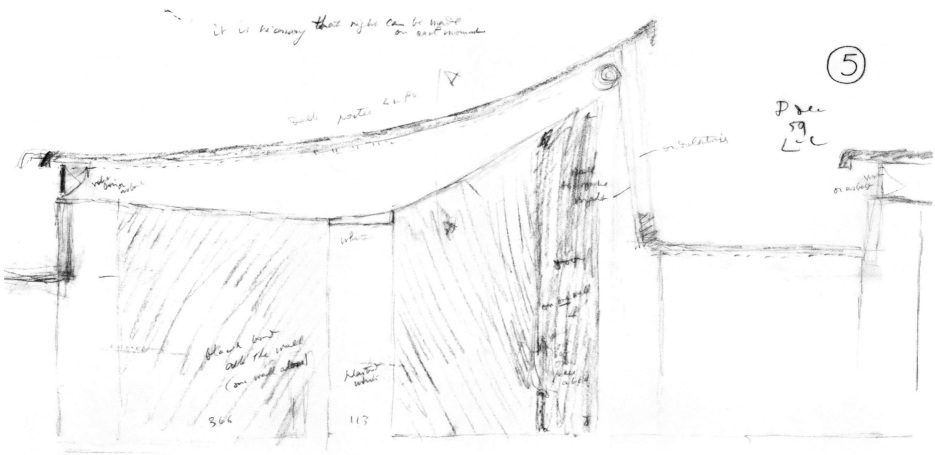

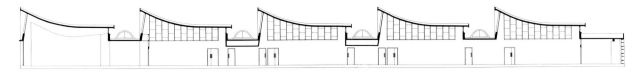

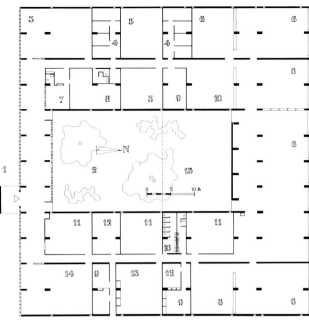

A gauche en-haut: Vues des façades sud et ouest.
A gauche en-bas: Vue dans le vestibule avec les brise-soleil préfabriqués.
En-haut: Coupe en travers sur une école.

A droite: Le plan:
1 Le porche
2 La cour
3 La bibliothèque
4 Le maître
5 Les cours
6 La salle d'étude
7 Le directeur
8 Le bureau
9 Le magasin
10 L'atelier
11 La classe
12 La salle des étudiants
13 Le local de travail
14 Le local du matériel
15 L'extension future

Left, above: Views of the south and west faces.
Left, below: View into the anteroom with the prefabricated *brise-soleil* elements.
Above: Section of a classroom tract.

Right: Plan:
1 Entrance porch
2 Courtyard
3 Library
4 Teacher
5 Lecture
6 Studio
7 Principal
8 Office
9 Store
10 Art room
11 Classroom
12 Students' common room
13 Workshop
14 Material bureau
15 Future extension

Links, oben: Bilder der Süd- und Westfassaden.
Links, unten: Blick in die Vorhalle mit den vorfabrizierten Sonnenschutzelementen.
Oben: Schnitt durch einen Schultrakt.

Rechts: Grundriß:
1 Eingangsportal
2 Hof
3 Bibliothek
4 Lehrer
5 Kurse
6 Studierzimmer
7 Direktion
8 Büro
9 Vorratsraum
10 Atelier
11 Unterrichtssaal
12 Studentenzimmer
13 Arbeitsraum
14 Material
15 Erweiterungsbauten

Entrée d'une école en béton avec les signes du Modulor. Pour les coffrages et les reliefs on a utilisé des planches non rabotées. Le motif est peint dans des teintes vives.

Entrance projection for a college, of concrete, with the Modulor emblems. For the concrete framing and the reliefs rough boards were employed. The composition is brightly painted.

Eingangsvorbau zu einer Schule aus Beton mit den Modulor-Insignien. Für die Betonschalung und die Reliefs wurden rohe Bretter verwendet. Die Komposition ist bunt bemalt.

Vue dans les ateliers. Les plafonds en béton ne sont pas ébarbés, les parois sont badigeonnées en blanc.

View into the studios. The concrete ceilings were left rough and the walls whitewashed.

Blick in die Ateliers. Die Betondecken wurden roh belassen und die Wände weiß getüncht.

Les images de ces deux pages montrent des vues dans les cours des écoles. Les fentes verticales servent à la ventilation.

The views on these two pages show glimpses of the interior courtyards of the College. The vertical slots in the walls serve as aeration vents.

Die Bilder auf diesen beiden Seiten zeigen Einblicke in die Innenhöfe der Schule. Die vertikalen Mauerschlitze dienen als Lüfter.

Les habitations par Jawaharlal Nehru

Comme d'habitude, je m'intéressais vivement aux logements qui devaient se construire pour toutes les classes. Ils me paraissaient convenir d'une manière générale et n'être pas trop chers. Au cours d'une conversation avec Le Corbusier, je l'entendis dire être étonné et un peu désappointé de notre manière de copier des bâtiments et des maisons sans tenir compte ni de l'ambiance locale ni de notre climat. Nous nous étions accoutumés au système des Anglais qui employaient leurs méthodes ou à nos propres ingénieurs, qui cependant étaient formés à l'étranger: aussi avions-nous la tendance d'oublier que les Indes sont bien différentes de l'occident. J'ai trouvé qu'il y avait du vrai à ce que disait Le Corbusier et qu'il fallait voir comment adapter les bâtiments à nos conditions tout en observant l'aspect esthétique. Dans le temps, nous avions prêté trop peu d'attention à l'architecture et à la beauté. Les dépenses ne sont pas plus élevées en tenant compte de ces considérations.

Mais il est encore plus important que nous examinions à nouveau les problèmes de l'habitation, surtout la question des logements à bon marché. Rien n'est plus regrettable que les quartiers des déshérités et des petites gens, construits durant la période anglaise et qui continuent à être construits bien qu'avec quelques améliorations. C'étaient des pièces petites, étroites et mal éclairées. Nos maisons ouvrières étaient plus ou moins semblables à ce genre. Les seules améliorations qu'on prévoyait, c'était de mettre deux chambres au lieu d'une seule. Parfois on allait jusqu'à ajouter une salle de bain, des toilettes ou une cuisine. Mais les conceptions restaient les mêmes. Je crois qu'il y a lieu de repenser toutes ces choses. Ce qu'il faut aux gens, ce n'est pas un petit abri couvert, mais de l'hygiène, de la lumière, de l'eau; le reste est secondaire bien qu'indispensable. L'habitation doit être conforme aux conditions climatiques, au chaud ou au froid, à peu de pluie ou à beaucoup de pluie.

Je suis de plus en plus convaincu de l'absolue nécessité des installations sanitaires à part le confort des pièces d'habitation. Il est clair qu'une pièce de 2,50 × 3,00 m, dans laquelle vivent une douzaine de personnes, ou seulement quatre ou cinq, n'offre aucun agrément; une cour serait plus adéquate.

Je note ces observations pour deux raisons: 1. Nous devons nous préoccuper des idées que Le Corbusier a proposées et adapter nos bâtiments, grands ou petits, à nos conditions hindoues. 2. Que nos habitations à bon marché doivent recevoir les installations sanitaires, la lumière et l'eau. A ceci, il convient d'ajouter tous les accessoires disponibles sur place. Même des cabanes munies d'un peu de confort seraient préférables à des maisons en pierre qui en seraient dépourvues.

4 avril 1952

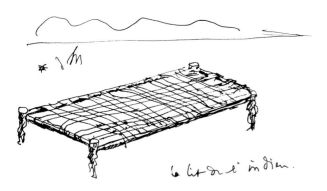

Le lit traditionnel de l'Hindou. Esquisse de Le Corbusier.
The traditional type bed of the Indian. Sketch by Le Corbusier
Das traditionelle Bett des Inders. Skizze von Le Corbusier.

Le Corbusier visita aussi des habitations hindoues.
Le Corbusier also visited Indian villages.
Le Corbusier besuchte auch indische Siedlungen.

Housing by Jawaharlal Nehru

As usual, I was greatly interested in the quarters being built for staff of all grades. On the whole, they appeared to be good and not too expensive. In the course of a conversation with Le Corbusier, he told me that he was surprised and somewhat unhappy at the way we copied foreign models in our buildings and houses, regardless of our own climate and environment. We had got so used to the Anglo-Saxon approach, which was largely based on foreign engineers or on our own engineers who had received their training in foreign countries, that we tended to forget that India was somewhat different from these countries of the West. I think that there was a great deal in what Le Corbusier told me and we should definitely investigate what changes are necessary to make our buildings conform more to Indian conditions and at the same time have some artistic value. In the past we have paid little attention to architecture or to aesthetics in this respect. This does not necessarily mean greater expense.

What is more important, however, is that our housing schemes should be thought out anew, specially houses of a cheaper variety. Nothing is more dreadful than the type of Peons' or Servants' quarters which became the standard pattern in British times and which still continue though with some variations. These quarters were looked upon as small, narrow, lightless little rooms. Our workers' dwellings followed that pattern more or less. When improvement was sought, we thought of two rooms instead of one. Sometimes we went further and attached a bathroom or a latrine or a kitchen. The basic conception, however, remained the same. I think that this conception might well be considered afresh.

What a man requires more than anything is not a small covered in space, but sanitation, lighting and water supply. The rest is almost secondary, though of course it is important and would vary with the climate, whether it is cold or hot, whether it rains much or little.

I am more and more convinced that we should begin thinking on the basis of providing sanitation, lighting and water supply. Houses are supposed to provide privacy. As a matter of fact, a room 10' × 12' which has a dozen persons living in it or at least four or five, affords no privacy at all. An open space is more private.

I am writing this note to draw attention to two facts: 1. that we might give thought to what Le Corbusier suggested, i.e. all our building conceptions, small or big, should be thought of more in terms of Indian conditions and 2. that our cheap housing schemes should be thought of chiefly in terms of providing sanitation, lighting and water supply. We can add to this as occasion offers and resources are available. Even good huts would be infinitely preferable with these amenities than solid constructions.

April 4, 1952

Vue d'un intérieur hindou.
View into an Indian house.
Blick in ein indisches Haus.

Wohnstätten von Jawaharlal Nehru

Wie gewöhnlich war ich höchst interessiert an den Wohnungen, die für das Personal aller Schichten gebaut werden. Im großen und ganzen schienen sie gut zu sein und nicht zu teuer. Im Verlaufe eines Gespräches mit Le Corbusier sagte er mir, daß er erstaunt und ziemlich unglücklich sei, wie wir ausländische Modelle von Gebäulichkeiten und Häusern kopierten, rücksichtslos gegen unser eigenes Klima und unsere Umgebung. Wir hätten uns an die angelsächsische Methode gewöhnt, die weitgehend auf unsere ausländischen Ingenieure zurückgehe und auf unsere eigenen Ingenieure, die ihr Wissen in ausländischen Ländern erhielten, so daß wir dazu neigten zu vergessen, daß Indien ziemlich verschieden von den westlichen Ländern sei. Ich dachte, daß sehr viel daran sei, was Le Corbusier mir sagte, und daß wir genau untersuchen sollten, was für Änderungen wir machen sollten, um unsere indischen Gebäulichkeiten mehr den indischen Bedingungen anzupassen und zu gleicher Zeit auf künstlerischen Wert zu achten. In der Vergangenheit haben wir in dieser Beziehung der Architektur oder der Ästhetik wenig Aufmerksamkeit geschenkt. Das bedingt nicht notwendigerweise größere Ausgaben. Es ist jedoch noch wichtiger, daß unsere Wohnprobleme neu überdacht werden, speziell für Häuser von billigerer Variante. Nichts ist schrecklicher als die Art der Peons- oder Angestelltenquartiere, welche Standardmuster in der britischen Zeit wurden und welche immer noch weitergehen, allerdings mit einigen Variationen. Diese Quartiere wurden als kleine, enge, lichtlose Zimmer gedacht. Unsere Arbeiterwohnungen folgten mehr oder weniger demselben Muster. Wenn man Verbesserungen suchte, dachte man an zwei Zimmer anstelle von einem. Manchmal gingen wir weiter und fügten ein Badezimmer oder ein WC oder eine Küche bei. Die fundamentale Vorstellung jedoch blieb dieselbe. Ich glaube, daß diese Vorstellung von neuem sehr überdacht werden muß.

Was ein Mensch mehr als alles andere benötigt, ist nicht ein kleiner, bedeckter Raum, sondern sanitäre Einrichtungen, Licht- und Wasserversorgung. Der Rest ist fast zweitrangig, obwohl er natürlich auch wichtig ist und dem Klima angepaßt werden müßte, ob es kalt oder heiß ist, ob es wenig oder viel regnet.

Ich bin mehr und mehr überzeugt, daß wir beginnen sollten, an die Versorgung mit Hygiene, Licht und Wasser zu denken. Häuser sind gedacht, um Zurückgezogenheit zu geben. Tatsache ist, daß ein Zimmer von 2,50 × 3,00 m, in dem ein Dutzend Menschen wohnen oder auch vier oder fünf, keine Intimität gewährt. Ein offener Platz ist privater.

Ich schreibe diese Aufzeichnung, um die Aufmerksamkeit auf zwei Punkte zu ziehen: 1. Daß wir über das, was Le Corbusier uns vorschlug, uns Gedanken machen müssen, zum Beispiel alle unsere Ideen von Gebäuden, großen oder kleinen, sollten mehr unter den indischen Bedingungen durchdacht werden und 2. daß unsere Wohnprobleme hauptsächlich in bezug auf Hygiene, Licht- und Wasserversorgung durchdacht werden sollten. Wir können dem hinzufügen, was die Gelegenheit uns schenkt und was für Hilfsmittel verfügbar sind. Sogar gute Hütten würden mit diesen Annehmlichkeiten den soliden Konstruktionen unendlich vorzuziehen sein.

4. April 1952

Une habitation hindoue.
An Indian home.
Eine indische Wohnstätte.

En 1952, Le Corbusier écrivait au sujet de ce projet: «Le programme de Chandigarh prévoit par famille une surface de 110 m². Un terrain minimum! ... Toutes les familles vivent côte à côte, mais ne se dérangent pas mutuellement. Cette solution avec le soleil, l'espace, la verdure, mi-ouverte, mi-fermée, est quelque chose d'entièrement nouveau dans l'habitation. Un groupe de 750 habitants forme un village ...»
L'exécution de ce genre de maisons a été oubliée ou sous-estimée à Chandigarh. En tout cas, Nehru s'était employé pour créer, en faveur des habitants de la ville, des logements économiques, adaptés aux conditions climatiques!

In 1952 Le Corbusier wrote the following on this project: "The programme for Chandigarh provides for a surface area of 110 sq.m per family. This is a minimal area! All families live side by side, but enjoy utter privacy. This architectural solution, sun, space, garden, half open, half closed in, is something entirely new in housing. A group of 750 residents constitutes a village ..."
This type of house was forgotten or underestimated in Chandigarh. At any rate, Nehru had also favoured the idea of creating for the residents of the city, first of all, moderate-cost housing facilities adapted to the given climatic conditions!

Im Jahre 1952 schrieb Le Corbusier über dieses Projekt: «Das Programm von Chandigarh sieht eine Grundfläche von 110 m² pro Familie vor. Ein minimales Terrain! ... Alle Familien wohnen Seite an Seite, sind aber vollständig voneinander unbelästigt. Diese Lösung, Sonne, Raum, Grünfläche, halb offen, halb geschlossen, ist etwas vollständig Neues im Wohnungsbau. Eine Gruppe von 750 Einwohnern bildet ein Dorf ...»
Die Ausführung dieses Haustyps wurde in Chandigarh vergessen oder unterschätzt. Jedenfalls hatte sich auch Nehru dafür eingesetzt, den Bewohnern der Stadt zu allererst eine billige, den klimatischen Verhältnissen angepaßte Wohnstätte zu schaffen!

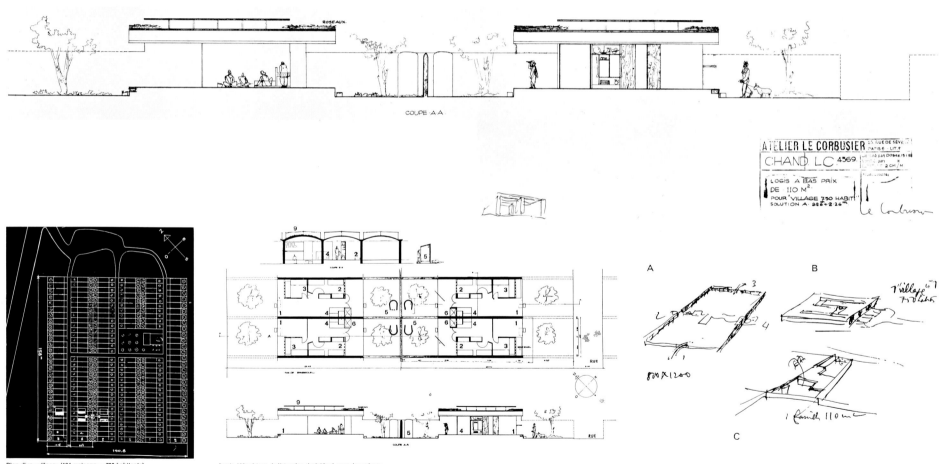

Plan d'un «village» (184 maisons — 750 habitants)
Ce «village» de péon est un entier, s'implantant aux lieux utiles dans des divers secteurs de la Capitale

Logis 110 m² type A (2 travées de 2.26 m) pour les péons
1 Véranda
2 Chambre des parents
3 Chambre des enfants
4 Cuisine
5 W.C.
6 Douche indienne
7 Armoires
8 Le brise-soleil
9 Le parasol
10 Gargouille

Trois unités des grandeurs conformes pour les logis à bas prix:
a) un secteur: 1200×800 m
b) un «village» de péons: 750 habitants et 140 m de côté
c) un logis du péon: 110 m², tout compris (couvert et ouvert)

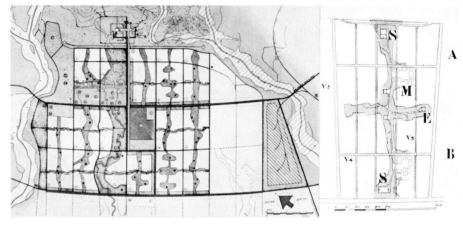

Visite du secteur 22, un des premiers établissements de Chandigarh. Mais on est surpris d'y trouver avant tout des influences occidentales. La plupart de ces maisons pourraient se trouver tout aussi bien dans un faubourg de Londres!...
Nous apprenons par le rapport de Nehru en 1952, cité dans les pages précédentes, que cet homme d'Etat désirait pour les Indes – et surtout pour Chandigarh (selon les idées de Le Corbusier) – un assainissement complet de l'habitation.
Le Corbusier ne s'est jamais interposé ni dans la conception de la forme de ces maisons, ni dans la repartition des secteurs. Il n'a surveillé que le centre de la ville (secteur 17).

Visit to sector 22 (one of the first housing complexes of Chandigarh). An unpleasant surprise is the discovery of the predominantly Western influences here. The majority of the houses are what could be seen in any of the outskirts of London . . .
We learn from Nehru's report dated 1952, on the preceding pages, that he aimed at a housing therapy for India – and especially for Chandigarh (inspired here by Le Corbusier)!
Le Corbusier never interferred in the conception of the various forms of the buildings, neither in the placement of the different sectors. He only supervized the City Centre (sector 17).

Besuch von Sektor 22 (eine der ersten Ansiedlungen Chandigarhs). Man ist leider überrascht, vorwiegend westliche Einflüsse feststellen zu müssen. Die Großzahl der Häuser könnte in einem Vorstadtviertel Londons stehen . . .
Wir hören aus dem Rapport Nehrus von 1952, auf den vorangehenden Seiten, daß er eine Siedlungstherapie für Indien – und insbesondere (von Le Corbusier inspiriert) für Chandigarh wünschte!
Weder bei der architektonischen Formgebung der Häuser noch bei der jeweiligen Aufteilung der Sektoren hat sich Le Corbusier eingemischt. Einzig das Stadtzentrum (Sektor 17) hat er überwacht.

On rencontre, dans les secteurs, des rues commerçantes très agréables, fraîches et animées, avec des trottoirs abrités sous les façades. Il n'y a pas ici de gens agités. La ville de Chandigarh, grâce à la vie individuelle de chaque quartier, n'aura jamais cette incohérence chaotique telle qu'on la trouve dans toutes les villes du globe.
En-bas: Un couvercle d'égout avec le plan stylisé de Chandigarh. Création de Le Corbusier.

The visitor will find in the sectors very pleasant, cool and inviting shopping streets with covered pavements running through the rows of houses. Everyone takes his time here. The city of Chandigarh, thanks to the individual life of each of its sectors, will never be obliged to degenerate into turbulent chaos such as we find in most of our cities around the world.
Below: A cast-iron sewer lid with the stylized city plan of Chandigarh. Le Corbusier's design.

Man begegnet in den Sektoren sehr angenehmen, kühlen und gerne besuchten Ladenstraßen mit gedeckten Trottoirs unter den Häuserfluchten. Es gibt hier keine gehetzten Menschen. Die Stadt Chandigarh wird dank dem Eigenleben jedes Sektors nie zu einem turbulenten Chaos herabsinken müssen, wie wir dies in unseren Städten rings um diese Erde erleben.
Unten: Ein gußeiserner Kanalisationsdeckel mit dem stilisierten Stadtplan von Chandigarh. Le Corbusiers Entwurf.

Les tapisseries et l'acoustique au Capitole
de Chandigarh

650 m² de tapisseries murales ont été réalisées en 1955/56 par les ateliers du Cachemire. Les habiles artisans des Indes les ont exécutées en cinq mois à peine. Huit de ces tapisseries, de 64 m² chacune, et une autre de 144 m², sont accrochées aux parois des salles du tribunal du palais de Justice.

Dans le Parlement aussi, les tapisseries contribuent à améliorer l'acoustique. Lorsqu'on accède au Parlement par l'entrée occidentale, en contrebas, on assiste à un spectacle architectural bouleversant. On pénètre alors dans une halle très haute, où règne la pénombre et la fraîcheur. A la paroi nord, derrière les colonnes et la rampe, on se trouve face à une tapisserie allant du sol jusqu'au plafond, et longue de 25 mètres, rouge et bleue, ornée de symboles. Elle sert à amortir le son autant qu'à réjouir le regard. Dans la Chambre du Conseil, il y a deux magnifiques tapisseries, hautes en couleurs.

Dans la salle des Assemblées Le Corbusier a utilisé des plaques acoustiques; l'immense voile paraboloïdal a été décoré avec ces motifs. Le sol de la salle est recouvert d'un tapis vert; les champs carrés inférieurs sont brun foncé et noir; la partie centrale est rouge et le «bouchon en charpente métallique» selon l'expression de Le Corbusier, est en aluminium éloxé jaunâtre. L'acoustique de cette salle est parfaite.

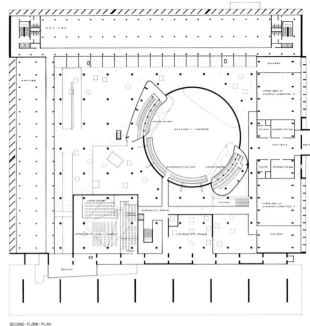

Vue dans la grande salle. Les plans du rez-de-chaussée et du premier étage.
View into the large hall. The plans of the ground floor and upper floor.
Blick in den Großen Saal. Die Grundrisse des Erd- und Obergeschosses.

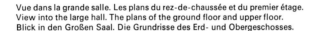

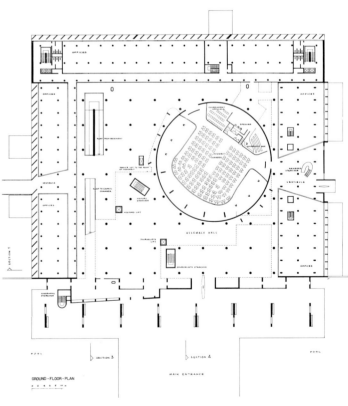

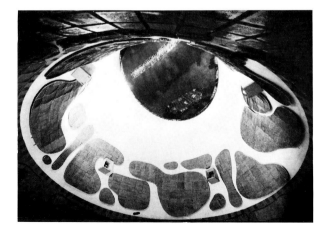

L'acoustique de la salle des Assemblées a été corrigée par des plaques spéciales.
A gauche, en-haut: Esquisse de Le Corbusier pour le système acoustique de la salle des Assemblées.
En-haut: Détail de la coupole.
En-bas: Coupe à travers la salle des Assemblées.

The acoustics of the Assembly Chamber have been admirably arranged by the installation of acoustic insulation mats.
Left, above: Study sketch by Le Corbusier for the acoustics of the Assembly Chamber.
Above: A detail of the dome.
Below: Section of the Assembly Chamber.

Die Akustik des großen Saals des Oberhauses (Assembly Chamber) wurde durch den Einbau von Phonmatten hervorragend gelöst.
Links oben: Studienskizze von Le Corbusier für die Akustik des großen Saals des Oberhauses.
Oben: Ein Ausschnitt der Kuppel.
Unten: Schnitt durch den Saal des Oberhauses.

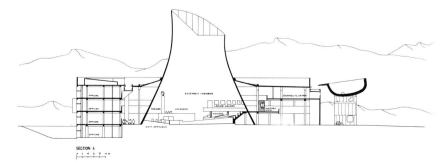

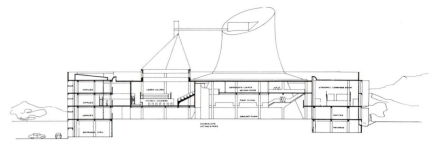

Les tapisseries de la salle du Conseil et, *à gauche, en-haut*, le triangle du lanterneau. Cette source lumineuse est un élément marquant des superstructures du palais.
En-haut: Coupe sur la salle du Conseil.
A droite: La tapisserie, longue de 25 mètres sur la paroi nord de l'entrée occidentale du Parlement.

The tapestries in the Council Chamber, and, *left, above,* the triangular shape of the skylight. This light source is a striking architectural element of the roof structure of the Palace.
Above: Section of the Council Chamber.
Right: The tapestry, measuring about 25 metres in length, on the north wall of the west entrance of the Parliament.

Die Tapisserien im Unterhaus (Council Chamber) und, *links oben,* das Dreieck des Oberlichtes. Diese Lichtquelle ist ein markantes architektonisches Element der Dachaufbauten des Palastes.
Oben: Schnitt durch das Unterhaus.
Rechts: Die etwa 25 Meter lange Tapisserie an der Nordwand des Westeinganges zum Parlament.

Les tapisseries du palais de Justice.
The tapestries in the Palace of Justice.
Die Tapisserien im Justizpalast.

A gauche: Vue de l'extérieur d'une des fenêtres de la salle du tribunal.
En-haut: Vue de l'intérieur. Face à ces fenêtres les tapisseries murales dont la fonction acoustique complète la valeur ornementale.

Left: Outside elevation view of a courtroom window.
Above: View from inside. Opposite these windows hang the tapestries, which have an important acoustic function.

Links: Außenansicht eines Gerichtssaalfensters.
Oben: Ansicht von innen. Gegenüber diesen Fenstern hangen die Wandteppiche, die eine bedeutende akustische Funktion haben.

Vue dans une des salles du tribunal avec la tapisserie.
View into a courtroom with the tapestry.
Blick in einen Gerichtssaal mit der Tapisserie.

Les tapisseries des huit pages suivantes sont les cartons faits par Le Corbusier.
The hangings illustrated on the following pages are the execution designs by Le Corbusier.
Die auf den nachfolgenden acht Seiten abgebildeten Teppiche sind die Ausführungsentwürfe von Le Corbusier.

The 650 sq.m of tapestries were fabricated in the workshops of Kashmir in 1955 and 1956. The skilful tapestry weavers in India needed a bare five months to complete the job. Eight tapestries measuring 64 sq.m each and one measuring 144 sq.m hang on the rear walls of the courtrooms of the Palace of Justice.

In the Parliament building, too, the tapestries serve an acoustic function. When the visitor steps into the low western entrance to the Parliament, he experiences an overwhelming architectonic spectacle. He enters a lofty, shadowy, cool hall. On the north wall, behind columns and the ramp, there is a 25-metre-long reddish-blue tapestry extending from floor to ceiling and covered with symbolic designs. Besides its optical function, it also serves an acoustic purpose. Two splendid coloured tapestries hang in the hall of the Council Chamber.

To obtain good acoustics, Le Corbusier employed acoustic mats in the large hall of the Assembly Chamber. The huge parabolic shell was meaningfully "decorated" with these mats. The hall is fitted with a green carpet. The lower, square fields are dark-brown to black; the central field is red and "this metal plug", as Le Corbusier called it, is of aluminium and of a pleasing shade of yellow. The acoustics of this hall are excellent.

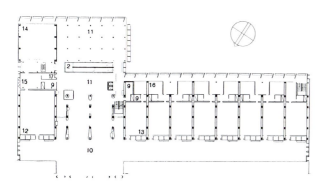

Le palais de Justice: l'étage principal avec les neuf salles du tribunal.
Palace of Justice: the main floor with the nine courtrooms.
Justizpalast: das Hauptgeschoß mit den neun Gerichtssälen.

In den Jahren 1955 und 1956 sind die 650 m² Wandteppiche von den Werkstätten Kaschmirs hergestellt worden. Die geschickten Tapisserieweber in Indien brauchten dazu knappe fünf Monate. Acht Wandteppiche von je 64 m² und ein solcher von 144 m² hangen an den Rückwänden der Gerichtssäle des Justizpalastes.

Auch im Parlamentsgebäude kommen die Tapisserien zu ihrer akustischen Bedeutung. Wenn man den westlichen, tiefer gelegenen Eingang zum Parlament betritt, erlebt man ein überwältigendes architektonisch-räumliches Schauspiel. Man tritt in eine hohe, dämmerige und kühle Halle. An deren Nordwand, hinter Säulen und der Rampe, entdeckt man eine vom Boden bis zur Decke reichende und mit Symbolen versehene, etwa 25 Meter lange rot-blaue Tapisserie. Sie dient nebst visueller Bedeutung als Resonanzhintergrund. Zwei farbenprächtige Teppiche hangen im Saal des Unterhauses (Council Chamber). Um eine günstige Akustik im großen Saal des Oberhauses (Assembly Chamber) zu erreichen, verwendete Le Corbusier Phonmatten. Die gewaltige paraboloide Schale wurde mit diesen Matten sinnvoll «dekoriert». Der Saal ist mit einem grünen Teppich ausgelegt. Die unteren, quadratischen Felder sind dunkelbraun bis schwarz; das Mittelfeld ist rot und «ce bouchon en charpente métallique», also dieser Metallzapfen, wie ihn Le Corbusier nennt, ist aus Aluminium und in einer angenehmen gelben Farbe gehalten. Die Akustik dieses Saales ist ausgezeichnet.

En-haut: Voilà la tapisserie de la grande salle du tribunal, voir Œuvres complètes 1946–1952, page 155, et le volume résumé 1910–1965, page 195.

Above: This is the tapestry of the large courtroom, which has already been reproduced in the Œuvres complètes, 1946–1952, page 155, also in the Collected Works, 1910–1965 on page 195, with full-page illustrations.

Oben: Dies ist die Tapisserie des großen Gerichtssaales, die bereits in den Œuvres complètes 1946–1952, Seite 155, ferner auch im Sammelband 1910–1965 auf Seite 195 ganzseitig abgebildet wurde.

Les symboles les plus souvent utilisés par Le Corbusier dans la composition de ses tapisseries dans les deux édifices du Capitole.
The symbols most frequently employed by Le Corbusier as originals for the tapestries in both the Capitol buildings.
Die von Le Corbusier am häufigsten verwendeten Symbole als Vorlagen für die Wandteppiche in den beiden Capitolbauten.

L'étonnante ressemblance des formes.
A gauche: Le projet d'une tapisserie destinée au palais de Justice de Chandigarh.
A droite: L'étage des malades du deuxième projet de l'hôpital de Venise par Le Corbusier, datant de 1965.

The astonishing similarity in the play of designs.
Left: A tapestry design for the Palace of Justice in Chandigarh.
Right: The ward level for Le Corbusier's hospital plan for the City of Venice, 2nd Plan 1965.

Die erstaunliche Verwandtschaft des Formenspiels.
Links: Ein Teppichentwurf für den Justizpalast in Chandigarh.
Rechts: Das Bettengeschoß zu Le Corbusiers Spitalprojekt für die Stadt Venedig, 2. Projekt 1965.

Hôpital de Venise
Rapport de Le Corbusier du 12 mai 1965 (extrait)

A la différence de la conception classique des hôpitaux bâtis et organisés en hauteur, cet hôpital est un «hôpital horizontal». Trois niveaux principaux y sont prévus.

Le premier niveau, au sol, est le niveau de liaison avec la ville; là se trouvent les services généraux et tous les accès pour le public, soit par voie d'eau, soit à pied, soit par le port translagunaire.

Le second niveau est à l'étage de soins préventifs, des soins spéciaux et de réhabilitation. C'est un niveau de technologie-médicale.

Le troisième niveau est la zone d'hospitalisation et la zone des visiteurs.

La hauteur de l'hôpital au-dessus du sol est de 13,66 m; cette dimension correspond à la hauteur moyenne des édifices de la ville. Le premier et le second niveau ont une hauteur respective de 5 mètres, qui est parfois divisée en deux étages de 2,26 m chacun. Le dernier niveau mesure 3,66 m et cette hauteur est par endroits réduite à 2,26 m. Dans la majorité des cas cette double hauteur de 2,26 m est réservée aux conduits et aux circulations à l'exception des locaux ne nécessitant pas un plafond élevé.

L'hôpital de Venise étant un hôpital fondamentalement destiné aux malades aigus et considérant que ceux-ci doivent y séjourner en moyenne quinze jours, dont cinq alités, Le Corbusier a cherché à créer deux structures qui permettent dans les deux cas le séjour dans les meilleures conditions possibles. Pour les malades couchés soumis aux soins intensifs l'unité lit, pour les malades levés, la calle, le campiello et le jardin suspendu, où ils trouveront toutes les possibilités de convalescence et progressivement de retour à la vie en société.

Niveau 3. Unité lit. Chaque malade dispose d'une unité lit. Cette unité de 3 m par 3 m est un élément où le malade se trouve placé dans les meilleures conditions de séjour.

Cette unité est munie de panneaux mobiles qui permettent une fois fermés l'isolement total et les soins du lit. Ces panneaux étant ouverts, et par la position dans laquelle le malade est placé, celui-ci bénéficie de toute une perspective, par exemple la vue des autres unités, et du couloir médical aménagé à cet effet (jeux de lumière, etc.).

Il est prévu pour chacune une ouverture vitrée de 3 m sur 1 m placée au-dessus d'un plafond situé à 2,26 m de haut et qui ne peut être vue par le malade. Cette ouverture projette la lumière naturelle sur un mur courbe de 3,66 m de hauteur, situé en face de lui, qui lui évite l'éblouissement et qui lui donne par contre une lumière par réflexion agréable pour la personne alitée. Un dispositif coloré placé à l'extérieur de l'unité, donnera la couleur à cette lumière réfléchie d'une intensité variant suivant les diverses heures de la journée. Ces panneaux seront de différentes couleurs, créant ainsi une diversité pour les différentes unités lits; en même temps étant mobiles ils permettront un contrôle précis de l'intensité lumineuse. Tout ceci pour tenir compte de l'importance physiologique de la couleur sur le comportement des malades.

Les jardins suspendus seront aménagés sur le toit du couloir médical, visible par des ouvertures pourvues à cet effet, créant à la fois un microclimat entre les unités et l'extérieur et aussi d'autres possibilités d'enrichissement de la lumière réfléchie.

Le lit du malade est situé sous un plafond placé à 2,26 m de hauteur et occupant la moitié de l'unité lit. Le malade est à 1,40 m sous ce plafond, ce qui rétablit les mêmes conditions d'un homme debout dont la tête est placée par rapport à une pièce de 3,20 m de hauteur.

Le jeu des volumes entre le plafond de 2,26 m et le mur courbe de 3,66 m crée une situation d'espace plus ample (on dispose d'un cube d'air de 25 m³) tout en restituant l'échelle humaine, base de toute l'architecture de Le Corbusier.

L'équipement de chaque unité lit se compose d'un lavabo, d'une armoire, d'une table de médication et d'une table de nuit. L'éclairage artificiel a fait l'objet de recherches importantes; le vitrage en haut de l'unité étant en retrait du plafond de 2,26 m (d'une part, pour le préserver de la pluie) il reste un espace où sera aménagé un appareil lumineux étudié pour recréer les conditions semblables à l'éclairage par réflexion sur le mur

Une des premières études du plan-masse de l'hôpital.

One of the first sketches by Le Corbusier to determine the location of the hospital.

Eine der ersten Skizzen von Le Corbusier zur Lagebestimmung des Spitalareals.

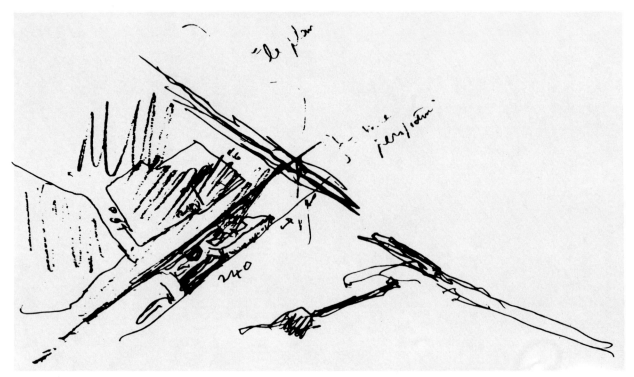

courbe. D'autres appareils spéciaux seront installés près du malade pour les visites, les soins médicaux et pour son usage personnel.

Note: ... Le désir d'assurer les meilleurs soins pour les moindres dépenses a amené l'organisation de ces soins avec des équipes unitaires d'infirmières et leurs aides, ainsi que l'organisation des espaces prévus. L'ensemble de ces expériences a créé le concept des unités de soins.

Unité de soins. L'unité lit, élément à l'échelle humaine conçue par Le Corbusier a donné naissance à l'unité de soins de 28 malades qui fonctionne comme une entité indépendante qui établit le meilleur équilibre entre le nombre des malades et les soins à donner.

Niveau 2. Le niveau 2 est entièrement réservé à la technologie médicale. Ce niveau est divisé en deux zones; l'une à laquelle accède seulement le personnel, les médecins et les malades séjournant à l'hôpital, et l'autre à laquelle ont seulement accès les malades externes.

La radiologie, au centre de l'hôpital, peut servir simultanément aux services internes.

Zone interne. On y trouve les salles d'opération, la stérilisation centrale, la pharmacie, la morgue, les laboratoires et la médecine physique.

Zone externe. Dans cette zone sont placés les cabinets des médecins devant servir en même temps pour le service ambulatoire. Cette organisation communautaire présuppose un critère de travail en équipe, permettant des échanges scientifiques entre les médecins et en même temps la concentration dans l'hôpital des meilleures possibilités thérapeutiques pour les malades.

Niveau 1. Le niveau 1 concentre au sol tous les services qui sont reliés directement à la ville et qui constituent tout ce qui dans un hôpital concourt à son fonctionnement.

En-haut: Venise, vue aérienne. Une étude d'urbanisation de Le Corbusier.
En-bas: Le plan de Venise avec le projet de l'hôpital (à droite, le pont reliant la terre ferme avec la ville).

Above: Bird's-eye view of Venice. A site determination by Le Corbusier.
Below: The plan of Venice with the hospital (right, the causeway from the mainland).

Oben: Venedig aus der Vogelschau. Eine Lagebestimmung von Le Corbusier.
Unten: Der Plan von Venedig mit dem Spitalprojekt (rechts die Zufahrtsbrücke vom Festland).

The Venice Hospital
Extract from "Rapport de Le Corbusier du 12 mai 1965"

Three principal levels are foreseen. The first level, the ground floor, is the level of liaison with the city; there, one finds general services and all public access, by water, by foot, or by the bridge across the lagoon.

The second level is the floor for preventive care, specialities, and rehabilitation. It is the level of medical technology.

The third level is the area of hospitalization, and the area for visitors.

The height of the hospital from the ground is approximately 13.66 metres. This dimension corresponds to the average height of the buildings of the city. The first and second levels have a respective height of 5 metres, which is occasionally divided in two stages of 2.26 metres each. The last level is 3.66 metres, and this height is, in places, reduced to 2.26 metres. In most cases this double height of 2.26 metres is reserved for passages and for communication.

The Hospital of Venice being primarily intended for acute cases, and considering that patients should remain for an average of fifteen days, of which they spend five in bed, I sought to create two structures which permit the two conditions of hospitalization — bed care and ambulatory treatment — under the best possible conditions. There is, for bed patients under intensive care, the "unité lit", and for ambulatory patients, "la calle", the "campiello", and "le jardin suspendu", where patients will find everything required for their convalescence and return to normal life.

Level 3. Each patient has a "unité lit" at his disposal. This module of 3 metres by 3 metres is a unit in which the sick person is provided the best possible conditions in which to stay. This unit is provided with movable panels which permit, once closed, total isolation for bedside care. When these panels are open, according to the position in which the patient is placed, he benefits from a new perspective, for example, the view of other units and of the medical hall arranged for that effect, with its interplay of natural lighting, etc.

It is anticipated for each "unité lit" that there will be a glassed opening 3 metres by 1 metre, placed above a ceiling 2.26 metres high. The glassed opening would not be visible to the patient, but would project natural light on a curved wall 3.66 metres high, located in front of it, which gives pleasant reflected light for the patient in bed.

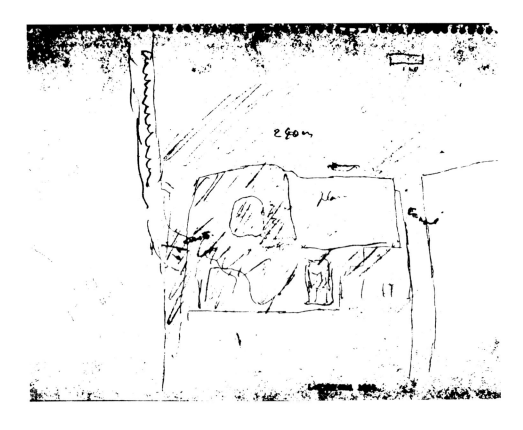

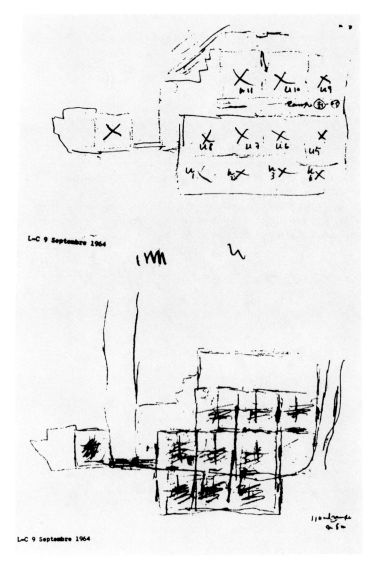

L-C 9 Septembre 1964

L-C 9 Septembre 1964

En-haut: La première esquisse extraite du carnet de voyage de Le Corbusier.
A droite: Ici Le Corbusier répartit les secteurs en neuf unités (9 septembre 1964).

Above: The first sketch from the "carnet de voyage" by Le Corbusier.
Right: Le Corbusier here distributes the sectors in nine units (September 9, 1964).

Oben: Die erste Skizze aus dem «carnet de voyage» von Le Corbusier.
Rechts: Le Corbusier verteilt hier die Sektoren in neun Einheiten (9. September 1964).

A coloured panel placed on the outside of the unit gives colour to the reflected light, of an intensity which varies with the different times of day. These panels will be of different colours, creating variety for the different units. At the same time, the arrangement permits an exact control over the intensity of light. All these factors are correlated to the psychological importance of colour on the spirits of patients.

The hanging gardens would be arranged on the roof of the medical corridor, visible via openings provided for that purpose, creating at the same time a transitional link between the units and the outdoors, as well as giving additional reflected light.

The sick-bed is located under a ceiling 2.26 metres in height, and occupies the major portion of the sickroom unit. The patient in bed is 1.40 metres beneath the ceiling of the unit, a situation which re-establishes the same condition as a man standing on his feet with his head placed in relation to a room 3.20 metres in height. The interplay of volumes between the ceiling of 2.26 metres and the curved wall of 3.66 metres creates a more ample space situation, allowing every patient a cube of air of 25 m³. Everything restores the human scale, the basis of all the architecture I have created.

The equipment of each bed unit includes a lavatory, a wardrobe, a medicine table and a night table. Artificial lighting has been made the subject of important research, the glassed opening at the top of the unit being recessed in the ceiling at 2.26 metres, to protect it from rain, for one reason. There remains a space in which would be arranged an artificial light developed in order to recreate a condition similar to the light reflected on the curved wall. Other special equipment would be installed near the patient for visitors, medical care and personal use.

The care unit. The "unité lit", the element of the human scale conceived by me, has given rise to the care units of 28 patients, which function as an independent entity which establishes the best balance between patients and treatment. The care unit is divided into two zones, one of which contains the "unité lit", the other being for nursing and prolonged confinements. There are 28 "unité lits", of which 24 are as already described, with four units larger than the first, which are equipped with a bathroom and a bed like a sleeping-car berth for the person who watches over the patient.

Level 2. Level 2 is entirely reserved for medical technology. This level is divided into two zones, one of which is used only by doctors and patients in the hospital, and the other to which outpatients have access.

Radiology, in the centre of the hospital, can serve internal and external services at the same time.

The internal zone is the area where one finds operating rooms, central sterilization, the pharmacy, the morgue, laboratories and physical medicine.

The external zone. In this zone are placed the doctor's consulting-rooms which serve the ambulatory service simultaneously. The communal organization presupposes a criterion of work permitting scientific interchange among doctors and, at the same time, the concentration in the hospital of the best possible treatment for the patients.

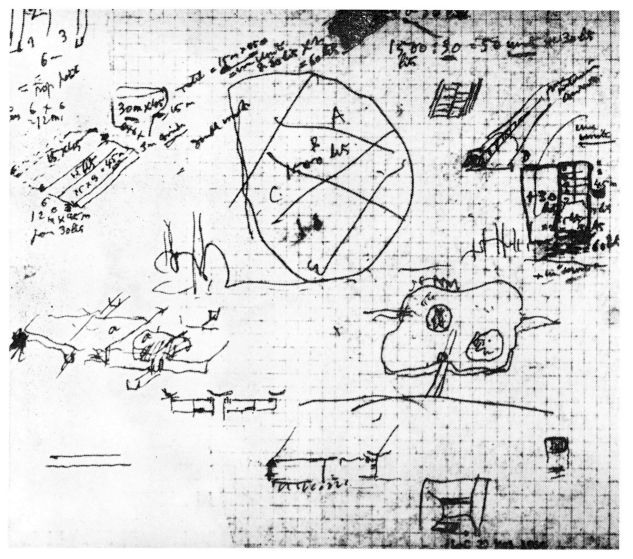

Note: On this floor (level 2) there is planned a medical-cultural centre, a library, and a hotel for doctors invited to the hospital, which can become an international centre for the exchange of ideas and information.

Level 1. Level 1 concentrates on the ground floor all of the services directly related to the city, those which are outside the field of medicine, but which are necessary to its function.

Etude pour l'éclairage indirect des chambres des malades. Schéma d'une chambre des malades. Vue perspective d'un couloir (datée du 30 mars 1964).

Studies for the indirect lighting of patients' rooms. Diagram for a hospital unit. Perspective representation of an interior corridor (dated March 30, 1964).

Studien zur indirekten Beleuchtung der Krankenzimmer. Schema zu einer Krankenhauseinheit. Perspektivische Darstellung eines inneren Korridors (datiert 30. März 1964).

Das Spital zu Venedig
Bericht Le Corbusiers vom 12. Mai 1965 (gekürzt)

Zum Unterschied zu der klassischen Lösung der vertikal konzipierten Spitäler ist dieses Spital horizontal aufgefaßt. Drei Hauptgeschosse sind vorgesehen.

Das erste, zu ebener Erde, steht mit der Stadt in Verbindung. Hier befinden sich die allgemeinen Dienste und die Zugänge des Publikums, sei es zu Wasser, zu Land oder vom Hafen der Lagune her.

Das zweite gruppiert die Vorbeugungstherapie, die Behandlung von Spezialkrankheiten und die Rehabilitation. Es ist das Geschoß der medizinischen Technologie.

Das dritte enthält die Krankenzimmer und den Empfang der Besucher.

Das Spital hat eine Höhe von 13,66 m, vom Boden aus gemessen; dieses Maß entspricht der mittleren Höhe der Bauten in der Stadt. Die zwei ersten Geschosse sind 5 m hoch und sind teilweise auf 2,26 unterteilt; das dritte mißt 3,66 m, wobei diese Höhe zum Teil auf 2,26 m reduziert wird. In den meisten Fällen dient diese doppelte Höhe von 2,26 m für die Leitungen und die Verbindungswege außer jenen Räumlichkeiten, wo eine besondere Geschoßhöhe notwendig ist.

Das Spital zu Venedig ist in erster Linie für die akuten Krankheiten bestimmt, wobei gedacht ist, daß sich die Patienten im Durchschnitt vierzehn Tage aufhalten müssen, wovon fünf im Bett. Le Corbusier hat zwei Strukturen vorgesehen, wobei in beiden Fällen der Aufenthalt unter den besten Gegebenheiten stattfinden kann. Für die Bettlägrigen, die dringender Behandlung bedürfen, die Betteinheit, für die Genesenden die Straße (calle), der offene Platz (campiello) und der hängende Garten, wo sie Erholung und allmähliche Angewöhnung an den Alltag genießen können.

Drittes Obergeschoß. Betteinheit. Jeder Kranke verfügt über eine «Betteinheit»: dieser Raum mißt 3 × 3 m und bietet dem Patienten bestmögliche Aufenthaltsbedingungen. Der Raum ist mit beweglichen Wänden versehen, die bei geschlossener Position die vollständige Abgeschiedenheit und individuelle Pflege verleihen.

Bei geöffneter Position und je nachdem das Bett des Patienten geschoben ist, hat letzterer einen weiten Ausblick, zum Beispiel in der Richtung der anderen Betteinheiten und des Laufganges, der eigens hergerichtet ist (Lichteinfall usw.).

Jede Raumeinheit hat über einer auf 2,26 m liegenden Decke eine verglaste Öffnung, welche nur der Patient sehen kann und die das Tageslicht auf eine gegenüberliegende geschweifte Wand von 3,66 m Höhe wirft, ohne daß das Auge geblendet wird, im Gegenteil dem Liegenden ein wohltuendes, diffuses Licht bietet.

Eine außerhalb des Raumes farbig gestaltete Wand verleiht diesem Licht eine je nach Tageszeit verschiedene Intensität und Tönung. Diese farbigen Wandflächen sind je nach Betteinheit verschieden, das gibt dem ganzen Komplex der Räume eine große Lebendigkeit; wobei die Verstellbarkeit der Felder

die Lichtstärke regeln läßt, was für die Psyche der Patienten von Bedeutung ist.

Die hängenden Gärten sind über dem Laufgang erstellt; sie können von unten durch Öffnungen erblickt werden; dadurch entsteht eine optische Verbindung zwischen den Betteinheiten und der Außenwelt, bei zusätzlicher Bereicherung der Lichteffekte.

Das Bett des Kranken liegt unter einer auf 2,26 m Höhe gespannten Decke, welche die Hälfte des Raumes bedeckt. Der Kranke liegt demnach 1,40 m unter dieser Decke, was dieselben Maße ergibt wie für den Kopf eines Stehenden bei einer Geschoßhöhe von 3,20 m.

Zwischen der Decke auf 2,26 m und der geschweiften Wand von 3,66 m ergibt sich ein günstiges Raumverhältnis (der Luftraum beträgt 25 m³) nach menschlichen Maßen, Grundlage der gesamten Architektur Le Corbusiers.

Jede Betteinheit verfügt über einen Waschtisch, einen Schrank, einen Tisch und einen Nachttisch. Die elektrische Beleuchtung ist besonders ausstudiert worden; da das Glasdach über der Betteinheit gegenüber der 2,26 m Decke versetzt ist (teils um sie vor dem Regen zu schützen), bleibt ein leerer Raum übrig, in dem ein Beleuchtungskörper eingebaut ist, der ähnliche Belichtungseffekte schaffen soll, wie jene auf der geschweiften Wand. Andere Spezialgeräte werden dem Patienten zur Verfügung stehen bei Besuchen, bei der ärztlichen Pflege oder für den eigenen Gebrauch.

Nota. . . . Im Hinblick auf bessere Pflege bei geringstem Kostenaufwand sind Einheitsgruppen von Pflegerinnen gebildet worden mit ihrem Hilfspersonal, und zugleich die Verteilung auf bestimmte Raumeinheiten. Dadurch sind auch die «Pflegeeinheiten» räumlich festgelegt.

Pflegeeinheiten. Die Betteinheit nach menschlichem Maßstab rief bei Le Corbusier die Idee von Pflegeeinheiten wach, die mit 28 Patienten das günstigste Gleichgewicht ergeben zwischen Anzahl der Kranken und deren bestmöglicher Betreuung.

Zweites Obergeschoß. Das zweite Obergeschoß ist vollständig für die ärztliche Technologie bestimmt. Es sind hier zwei Sektoren: erstens derjenige, der nur dem Personal, den Ärzten und internen Patienten zugänglich ist, und zweitens, wo nur die Kranken von außen her Zutritt haben.

Die Radiologie liegt im Zentrum des Spitals und kann dem internen Bedarf dienen.

Innere Zone. Hier befinden sich die Operationssäle, die Sterilisation, die Apotheke, die Leichenhalle, die Laboratorien und die physikalische Therapie.

Äußere Zone. Hier liegen die Konsultationsräume der Ärzte mit der Möglichkeit beweglicher Behandlung.

Dieser kollektive Betrieb bedingt Gruppenarbeit, mit Austausch von wissenschaftlichen Untersuchungen bei bestmöglicher Behandlung der Patienten.

Erdgeschoß. Hier sind alle mit der Stadt in Verbindung stehenden Dienste, die mit den Funktionen des Betriebs zusammenhängen.

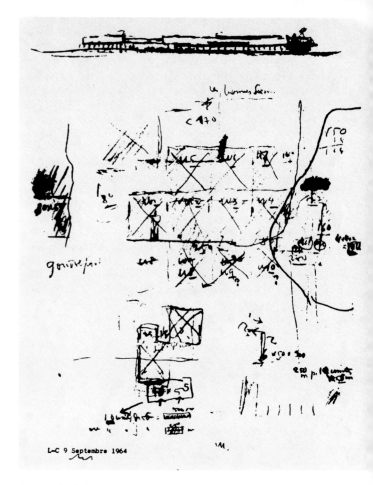

Une vue prise de la mer. Etudes de plans avec le port des gondoles (septembre 1964).

An elevation view seen from the sea. Plan studies showing the "gondola harbour" (September 1964).

Eine Ansicht vom Meer aus. Grundrißstudien mit dem «Gondelhafen» (September 1964).

La répartition des chambres des malades avec une double série de chambres disposées sur deux couloirs. Le système de l'éclairage des chambres. Une chambre avec ses dégagements et les services. Calcul du nombre des lits par secteur.

The distribution of the units, with a double series of rooms on two corridors. The illumination principle of the rooms. A room with its service facilities. Computation on the assignment of beds for a sector.

Die Verteilung der Krankeneinheiten, mit einer doppelten Serie von Zimmern auf zwei Korridoren. Das Belichtungsprinzip der Zimmer. Ein Zimmer mit seinen Bedienungsmöglichkeiten. Kalkulation über die Aufteilung der Bettenzahl für einen Sektor.

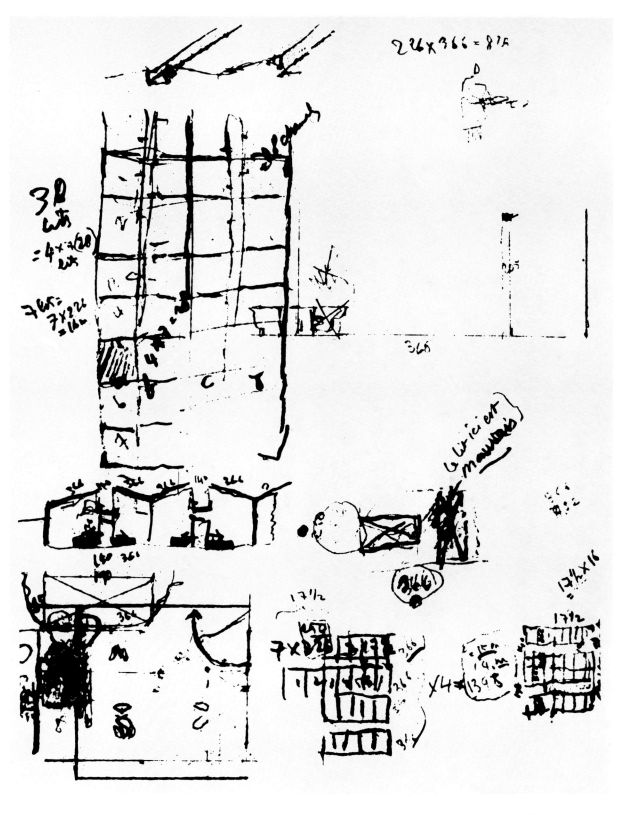

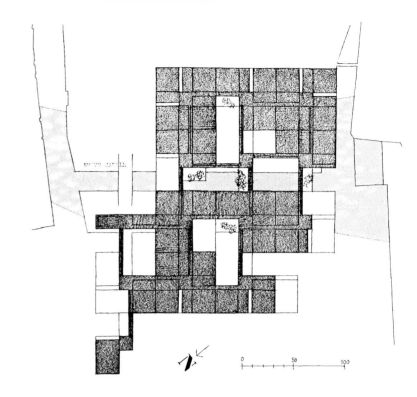

H VEN LC

PLAN N 6662
NUOVO CANALE COLLEGAMENTO
CANNAREGIO RIO DELLA CREA

Dessiné par ANDREINI
Paris, le 15 Décembre 1968

En-haut, à gauche: Le premier projet de Le Corbusier, 1964.
A gauche: Le second projet de Le Corbusier, de 1965.
En-haut: Le troisième projet Jullian, de 1968.

Above left: The first Le Corbusier plan, 1964.
Left: The second Le Corbusier plan, 1965.
Above: The third Jullian plan, 1968.

Oben links: Das erste Projekt Le Corbusiers, 1964.
Links: Das zweite Projekt Le Corbusiers, 1965.
Oben: Das dritte Projekt Jullian, 1968.

138   **L'hôpital de Venise**

Etudes des façades. La silhouette
de Saint-Marc avec le campanile.

Façade studies. The silhouette of
San Marco with the campanile.

Fassadenstudien. Die Silhouette
von San Marco mit dem Campanile.

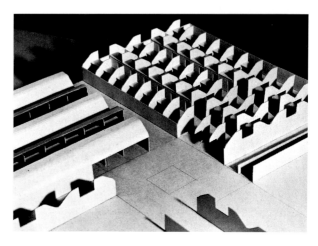

Cher Mr Ottolenghi
Président des Hôpitaux civils
de Venise

Cher Monsieur,
J'ai mis dans ma tête de m'occuper de votre problème d'Hôpital nouveau à Venise
un hôpital est une maison d'homme, comme le logis est aussi une "maison d'homme"
La clef étant l'homme: sa stature (hauteur) la marche (à étendre); son œil, son point de vue); sa main, sœur de l'œil. Tout le ... psychisme y est attaché en total contact.
Ainsi se présente le problème. Le bonheur en un fait d'harmonie
Ce qui s'attache aux plans de votre Hôpital s'étend à l'alentour : osmose.
C'est par amour de votre ville que j'ai accepté d'être avec vous
votre dévoué
Le Corbusier

L'acceptation du mandat pour l'étude d'un hôpital à Venise. Lettre de Le Corbusier à M. Ottolenghi.
A droite: Quelques études de maquettes, dont l'une en grandeur nature selon le projet de 1968.
En-bas, à droite: Visite de Le Corbusier à Venise en 1965.

The acceptance of the assignment to study plans for a hospital for Venice. Letter from Le Corbusier to Ottolenghi.
Right: A number of model studies, one natural size, from the 1968 plan.
Below right: Visit by Le Corbusier to Venice in 1965.

Die Annahme des Auftrages über das Studium eines Spitals für Venedig, Brief Le Corbusiers an Ottolenghi.
Rechts: Einige Modellstudien, davon eine in Naturgröße vom Projekt 1968.
Unten rechts: Besuch Le Corbusiers im Jahre 1965 in Venedig.

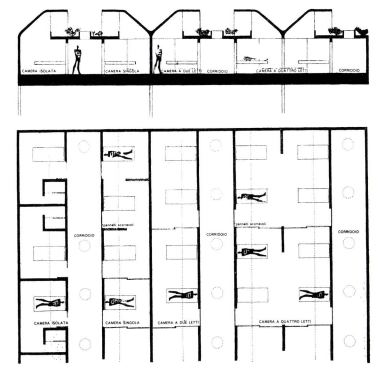

En-haut: L'étude de la répartition des unités de lits est poursuivie soigneusement à l'agence Jullian, à Paris.
A droite: Un document rare. M. Claudius Petit a photographié, à l'atelier de la rue de Sèvres, l'étude en couleurs de la coupe d'une chambre de malade. C'était le dernier dessin sur le célèbre tableau noir.

Above: The study for the hospital bed units is being meticulously carried forward in the Atelier Jullian in Paris.
Right: A rare document. Claudius Petit photographed the colour study of the cross-section of a patient's room in the Atelier on the rue de Sèvres in the summer of 1965. It was the last drawing on the famous blackboard.

Oben: Das Studium für die Betteneinheiten wird im Atelier Jullian in Paris sorgfältig weitergeführt.
Rechts: Ein seltenes Dokument. Claudius Petit hat im Sommer 1965 im Atelier an der Rue de Sèvres die Farbstudie des Querschnittes durch ein Krankenzimmer photographiert. Es war die letzte Zeichnung auf der berühmten schwarzen Wandtafel.

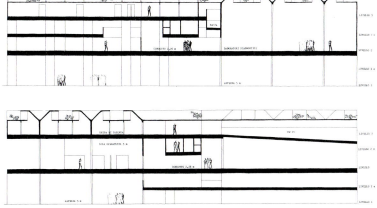

Le Centre Le Corbusier à Zurich

La «Maison de l'Homme» a été édifiée à titre privé par Madame Heidi Weber, propriétaire très active d'une galerie d'art. Ce pavillon est situé sur terrain communal dans le parc du Zurich-horn au bord du lac.

Le Corbusier avait été chargé d'élaborer les plans d'une maison d'habitation, mais celle-ci sert aujourd'hui à présenter des expositions et à recevoir des réunions, ce qui s'est révélé particulièrement approprié.

La forme du toit est caractéristique: deux surfaces imbriquées en acier formant parasol.

La relation principale entre les étages s'effectue par une rampe à part un petit escalier de communication. Cette rampe s'exprime dans la façade d'une manière très marquante. Le toit-terrasse, surtout, est impressionnant.

(Direction du chantier: Taves & Reputato, Paris)

The "Maison de l'Homme" (Centre Le Corbusier) in Zurich

This centre grew out of a private initiative on the part of the enterprising art-gallery proprietor Heidi Weber. The house is situated on city-owned land, in the Zurichhorn Park, close to the Lake of Zurich.

The plans were drawn up by Le Corbusier for a private home, but the house is at the present time being used for exhibitions and meetings. The premises have proved to be ideal for social occasions and lectures.

A characteristic feature is the design of the roof: two steel screens fitted together as *brise-soleil*.

The principal connection between the floors – besides a narrow stairway – is the ramp. It is also clearly "legible" in the external design of the house. The roof terrace is especially impressive.

(Erected by Taves & Reputato, Paris)

Das «Maison de l'Homme» (Centre Le Corbusier) in Zürich

Es war ein Privatauftrag der initiativen Galeriebesitzerin Heidi Weber. Das Haus steht auf städtischem Grund, in den Park-anlagen des Zürichhorns, in unmittelbarer Nähe des Sees.

Die Grundrisse entwarf Le Corbusier für ein Wohnhaus, das aber heute Ausstellungen und Vorträgen dient. Die Räume haben sich immer wieder für gesellschaftliche Anlässe und Vorträge ganz besonders bewährt.

Charakteristisch ist die Form des Daches: zwei aneinander-gefügte Stahlschirme als «brise-soleil».

Als Hauptverbindung zwischen den Stockwerken dient – neben einer schmalen Treppe – die Rampe. Sie tritt auch in der äußeren Formgebung des Hauses sehr markant in Erscheinung. Die Dachterrasse ist besonders eindrucksvoll.

(Ausführung: Taves & Reputato, Paris)

Coupe longitudinale
1 Escalier
2 Expositions
3 Salle du rez-de-chaussée et cuisine
4, 7 Rampe
5 Salle sur deux étages
6 Bureau
8 Salle du premier étage
9 Toit-terrasse

Sous-sol
1 Expositions et réunions
2 Dépôt
3 Toilettes
4 Chauffage
5 Abri
6 Bureau

Longitudinal section
1 Stairs
2 Exhibitions
3 Hall on ground-floor and kitchen
4, 7 Ramp
5 Hall, connecting two levels
6 Office
8 Hall on first floor
9 Roof terrace

Basement level
1 Exhibitions and meetings
2 Storage
3 Toilets
4 Heating plant
5 Shelter
6 Office

Längsschnitt
1 Treppe
2 Ausstellungen
3 Erdgeschoß – Saal und Küche
4, 7 Rampe
5 Saal, durch zwei Geschosse gehend
6 Büro
8 Oberer Saal
9 Dachterrasse

Untergeschoß
1 Ausstellungen und Versammlungen
2 Abstellraum
3 WC
4 Heizung
5 Luftschutzkeller
6 Büro

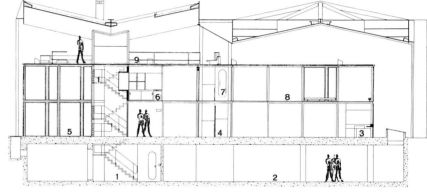

Coupe longitudinale / Longitudinal section / Längsschnitt

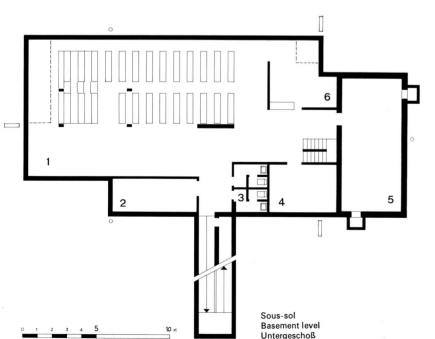

Sous-sol
Basement level
Untergeschoß

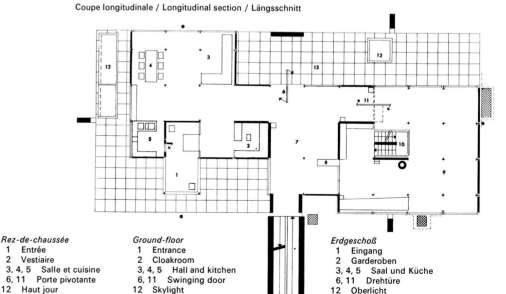

Rez-de-chaussée
1 Entrée
2 Vestiaire
3, 4, 5 Salle et cuisine
6, 11 Porte pivotante
12 Haut jour
13 Terrasse
7, 8 Foyer
9 Salle sur deux étages
10 Escalier

Ground-floor
1 Entrance
2 Cloakroom
3, 4, 5 Hall and kitchen
6, 11 Swinging door
12 Skylight
13 Terrace
7, 8 Foyer
9 Hall, connecting two levels
10 Stairs

Erdgeschoß
1 Eingang
2 Garderoben
3, 4, 5 Saal und Küche
6, 11 Drehtüre
12 Oberlicht
13 Terrasse
7, 8 Foyer
9 Saal, durch zwei Geschosse gehend
10 Treppe

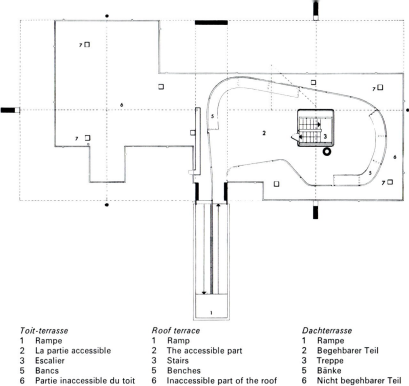

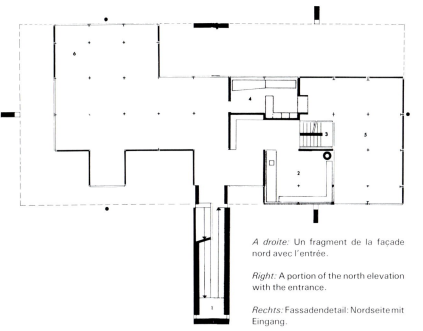

Toit-terrasse	Roof terrace	Dachterrasse
1 Rampe	1 Ramp	1 Rampe
2 La partie accessible	2 The accessible part	2 Begehbarer Teil
3 Escalier	3 Stairs	3 Treppe
5 Bancs	5 Benches	5 Bänke
6 Partie inaccessible du toit	6 Inaccessible part of the roof	6 Nicht begehbarer Teil
7 Lumières	7 Lamps	7 Beleuchtung

Premier étage	First floor	Erster Stock
1 Rampe	1 Ramp	1 Rampe
2 Bibliothèque	2 Library	2 Bibliothek
3 Escalier	3 Stairs	3 Treppe
4 Bureau	4 Office	4 Büro
5 Vide de la salle	5 Air space of hall	5 Luftraum des Saales
6 Salle	6 Hall	6 Saal

A droite: Un fragment de la façade nord avec l'entrée.

Right: A portion of the north elevation with the entrance.

Rechts: Fassadendetail: Nordseite mit Eingang.

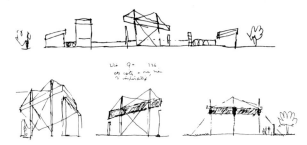

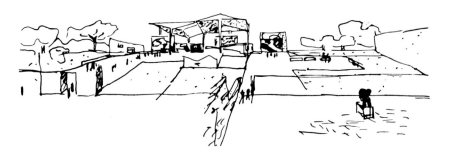

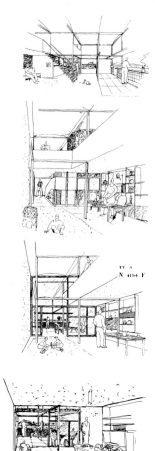

La «Maison de l'Homme» à Zurich a une longue histoire. A cette page, nous en montrons les phases successives, à commencer par les premiers croquis pour l'exposition à la Porte Maillot, à Paris, en 1950. A ce sujet on mentionnera aussi la cellule 226/226/226 cm qui préoccupait alors Le Corbusier.
Le projet du musée de Tokyo (1957) a remis en valeur l'idée des surfaces en acier servant de parasols. Le projet zurichois en a été la réalisation finale.

The "Maison de l'Homme" in Zurich is the outcome of a long development. On this page we present the different stages, beginning with the first sketches for the "Exposition à la Porte Maillot" of 1950 in Paris. In this connection, we should also include the cell 226/226/226 cm, which Le Corbusier was likewise concerned with.
The Museum plan for Tokyo (1957) revived the idea of the steel screen as a sunbreak. The Zurich project finally realized it.

Das «Maison de l'Homme» in Zürich geht aus einer langen Entwicklung hervor. Auf dieser Seite zeigen wir die verschiedenen Stufen derselben, angefangen mit den ersten Skizzen für die «Exposition à la Porte Maillot» 1950 in Paris. In diesen Zusammenhang ist auch die Zelle 226/226/226 cm einzubeziehen, die Le Corbusier gleichermaßen beschäftigte.
Das Museumsprojekt für Tokio (1957) hat die Idee des Stahlschirmes als «brise-soleil» wieder angefacht. Das Zürcher Projekt konnte sie endlich verwirklichen.

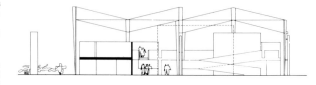

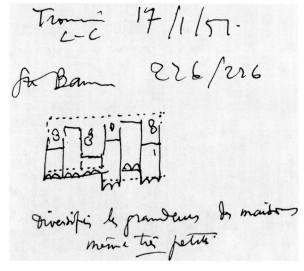

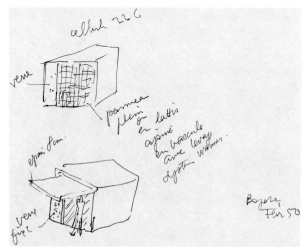

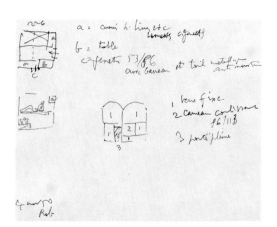

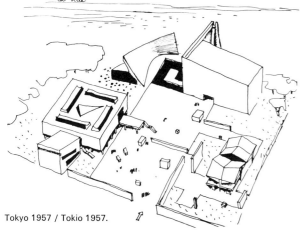

Tokyo 1957 / Tokio 1957.

Premier projet pour Zurich 1963. / Zurich, first plan 1963. / Zürich, erstes Projekt 1963.

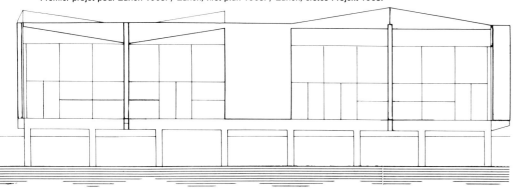

Stockholm (Ahrenberg) 1964.

En-haut: Réalisation zurichoise
1963–1967.

Above: Zurich, execution
1963–1967.

Oben: Zürich, Ausführung
1963–1967.

A droite: Le Corbusier sur le futur
chantier de Zurich, 1963.

Right: Le Corbusier at the future
building site in Zurich in 1963.

Rechts: Le Corbusier auf der
zukünftigen Baustelle in Zürich
1963.

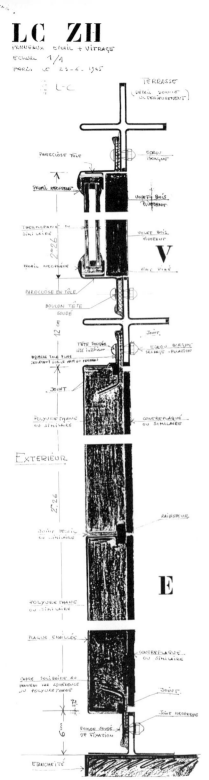

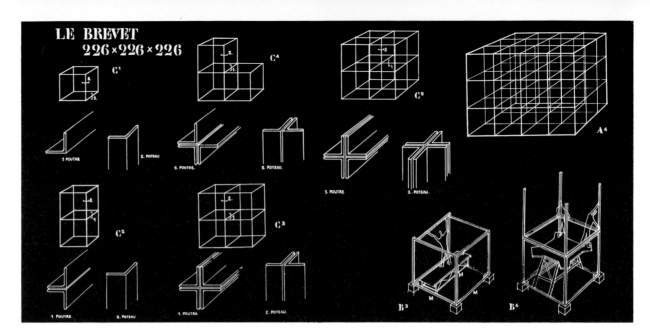

A droite: Schéma indiquant le principe du brevet 226/226/226. Constitution de volume habitable alvéolaire, au moyen d'une seule cornière (1949).

Right: Scheme showing the principle of the patent 226/226/226. Constitution of alveolar inhabitable volume, by means of one single valley (1949).

Rechts: Schematische Darstellung des Prinzips des Patentes 226/226/226. Zusammenfügung von zellenförmigen Volumen in beliebiger Richtung unter Verwendung von Winkeleisen.

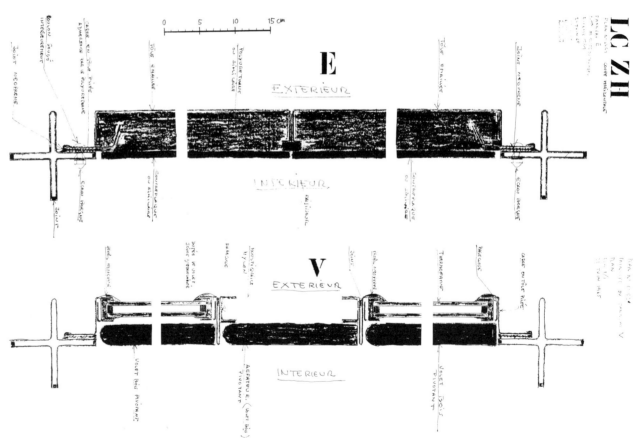

Détails de la constitution des façades (coupes verticale et horizontale). / Construction details of the elevations (vertical and horizontal sections). / Konstruktionsdetails der Fassaden (Vertikal- und Horizontalschnitte).

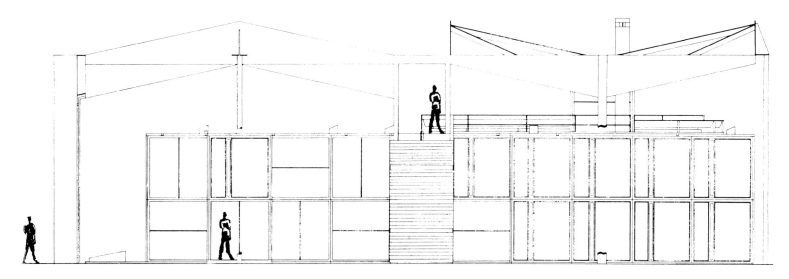

En-haut: La façade nord du pavillon reproduit à la même échelle que le croquis en dessous.
Above: The north elevation of the pavilion, reproduced on the same scale as the sketch below.
Oben: Die Nordansicht des Pavillons im selben Maßstab wie die untere Skizze.

En-bas: Un croquis de Le Corbusier de l'année 1963 qui déterminait la solution d'exécution définitive.
Below: Sketch by Le Corbusier from 1963 which determined the final execution plan.
Unten: Skizze von Le Corbusier 1963, die endgültige Lösung bestimmend.

Le toit comme «brise-soleil» a été monté le premier. Le «corps du logis» a été construit après, à l'abris du temps (pluie, etc.).
En-bas: Un détail de la construction angulaire, avec les panneaux en émail posés.

The roof as *brise-soleil* was positioned first. The "inhabitable structure" was built afterwards, under cover (sheltered from rain, etc.).
Below: A detail of the angular construction, with the enamel panels in position.

Das Dach als Sonnenschutz wurde zuerst aufgerichtet. Der Kern wurde nachträglich wettergeschützt gebaut.
Unten: Ein Detail der Bauart mit den verlegten Emailplatten.

La rampe et détail de la partie d'entrée.

The ramp and a detail of the entrance area.

Die Rampe und Detail des Einganges.

A gauche: Vue aérienne du pavillon. La façade nord. La toiture achevée (parasol). Le pavillon peut se construire à l'abri des intempéries.
En-bas: Les façades est et ouest.

Left: Air view of the pavilion. The north elevation. The completely erected roof as *brise-soleil.* The house can be assembled under cover.
Below: The east and west elevations.

Links: Flugaufnahme des Pavillons. Die Nordfassade. Das fertig aufgestellte Dach als «brise-soleil». Das Haus kann unter einem Regenschutz zusammengebaut werden.
Unten: Die Ost- und Westfassaden.

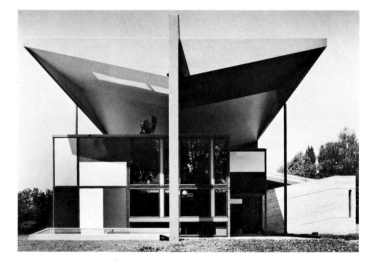

A droite: Les prises de vue démontrent le toit-terrasse avec les jeux des différentes formes du toit.
A droite, en-bas: Le triangle du toit s'ouvrant vers le ciel.
En-bas: Le premier étage avec la porte de sortie sur le toit.

Right: The views show the roof terrace with the different effects created by the roof structure.
Right, below: The triangle of the roof opening towards the sky.
Below: The first floor with the exit onto the roof.

Rechts: Die Aufnahmen zeigen die verschiedenen Gestaltungen der Stahlschirme.
Rechts unten: Der dreieckförmige Dachausschnitt öffnet sich gegen die Landschaft.
Unten: Erster Stock mit Ausgangstüre zum Dach.

En-haut: La salle d'expositions au sous-sol. Le sol est recouvert par des plaques en ardoise.
La page à droite: La salle côté nord sur deux étages. Au centre, la cheminée du chauffage rouge et à droite on aperçoit l'escalier en béton.

Above: The exhibition hall on the basement level. The floor is covered with slate flagging.
To the right: The hall on the north connecting two levels. Centre, the red fireplace for heating and, right, the stairway of concrete.

Oben: Ausstellungssaal im Kellergeschoß. Der Boden ist mit Schieferplatten ausgelegt.
Rechte Seite: Die Nordseite des über zwei Stockwerke reichenden Saales. In der Mitte der rote Heizungsabzug; rechts die in Beton erstellte Treppe.

Les façades nord et est du pavillon avec la rampe en béton. Seuls deux éléments au-dessus du sol sont exécutés en béton: la rampe et l'escalier intérieur.

The north and east sides of the pavilion with the attached concrete ramp. Above ground only two elements of concrete are executed: the ramp and the internal connecting stairs.

Die Nord- und Ostseite des Pavillons mit der angefügten Rampe aus Beton. Oberirdisch sind nur zwei Elemente in Beton ausgeführt: die Rampe und die innere Verbindungstreppe.

La façade ouest. Les plaques en émail coloré mesurent 113 × 226 cm.
The west elevation. The coloured enamel panels measure 113 × 226 cm.
Die Westfassade. Die farbigen Emailplatten messen 113 × 226 cm.

Le rez-de-chaussée avec le vestiaire. Au fond, à gauche la porte pivotante avec des panneaux en émail selon un dessin de Le Corbusier.
La page à droite: Une vue de la terrasse süd au rez-de-chaussée avec la porte pivotante.

The ground-floor with the cloakroom. In background left, the swinging door with the enamel panels covered with a design by Le Corbusier.
To the right: A view of the south terrace of the ground-floor with the swinging door.

Erdgeschoß mit Garderobe. Links im Hintergrund die Drehtüre mit Emailplatten nach Entwurf von Le Corbusier.
Rechte Seite: Ansicht der südlichen Erdgeschoßterrasse mit Drehtüre.

Le barrage de Bhakra dans les montagnes de l'Himalaya aux Indes

L'ensemble de Bhakra est un ouvrage à fins multiples. Il comporte une digue, deux usines électriques, un réseau de canaux et un certain nombre de bâtiments de service. Ces installations produisent la force motrice, contrôlent les eaux et dispensent l'irrigation des plaines des Indes septentrionales. C'est le plus grand barrage-poids du monde et la digue la plus haute de toute l'Asie. Les eaux de la rivière Sutley ont été retenues dans une vallée du piémont de l'Himalaya. Ce lac d'accumulation de 107 km² est entouré de montagnes escarpées, couvertes de pins. Sa beauté en a fait une des grandes attractions touristiques.

La hauteur de la digue jusqu'au couronnement est de 225 m. Les premiers terrassements ont débuté en 1948. L'exécution du mur de barrage date de 1955. L'achèvement de l'œuvre a pris 21 ans. A part la digue, les deux usines et les canaux il a été édifié un autre barrage, des baraquements temporaires pour 15000 ouvriers et des logements définitifs pour le personnel d'entretien.

En 1958, Le Corbusier, sur l'avis des ingénieurs hydrauliciens, a été appelé pour donner son avis sur l'apprêt esthétique de cet ouvrage déjà assez avancé. La digue et les usines étaient déjà en voie de réalisation lorsque Le Corbusier fut consulté. Le Corbusier n'avait pas l'intention de donner une importance particulière à l'aspect architectural du barrage, car la construction par elle-même devait marquer le site et le dominer. Ses

principales contributions ont été le dessin de la balustrade couronnant la digue et, en plus, la proposition de placer le monument de la Main Ouverte au sommet de l'ouvrage.

Or, cette dernière suggestion n'a pas été retenue. Le Corbusier avait encore proposé un promenoir pour les visiteurs 500 mètres au-dessus du canal de fuite d'où il y a une vue magnifique en amont et en aval.

Le Corbusier avait donc été prié de traiter l'architecture des bâtiments et les aménagements extérieurs du barrage et du lac d'accumulation. Il avait aussi dessiné les plans d'un musée et il aurait dû ajouter une cafeteria, un hôtel, un motel, un centre touristique et un club sportif.

Malheureusement, la mort l'a empêché d'achever ces travaux; et même le musée n'a pas été construit.   U. E. Chowdhury

The Bhakra-Dam in the Himalaya Mountains of India

Bhakra is a multi-purpose project. It consists of a dam, two power houses, a network of canals and a number of ancillary buildings. It generates electricity, effects flood control and provides for irrigation in the plains of Northern India. It is the highest straight gravity dam in the world and the highest high dam in Asia. The waters of the river Sutlej have been dammed at a cleft in the lower mountain ranges of the Himalayas. This lake covering 70 sq.miles is surrounded by steep pine-covered mountains. Because of its beauty it has become a great tourist attraction.

The total height of the dam is 740'. Work on the tunnelling was first started in 1948. Work on the main dam was begun in the year 1955. The entire project took 21 years to complete. In addition to the main dam, the two power houses and the canals, a barrage, a small temporary township to house 15000 persons and permanent housing for the maintenance staff have also been built.

In 1958 Le Corbusier's advice was sought as the irrigation engineers thought he could contribute an aesthetic and plastic touch to an otherwise straightforward design. The structure of the dam and the power houses had already been decided when Le Corbusier was consulted. Le Corbusier did not want to give undue importance to architectural features as the Bhakra dam itself is a very powerful structure which he felt should dominate the environment. His main contribution was the design for the balustrade on the top of the dam and the proposal to have his Open Hand monument as a crowning feature. This latter suggestion has not materialized. Le Corbusier had also proposed a platform for spectators 1700' above the spillway as at this point there is an excellent view both upstream and downstream.

Le Corbusier had been asked to do the planning of the building as well as the landscaping of the dam and the lake area. He had designed a museum and was to have designed a cafeteria, a hotel, a motel, a tourist reception centre and sports club. Unfortunately owing to his death he could not complete these works, and even the museum has not been built.

U. E. Chowdhury

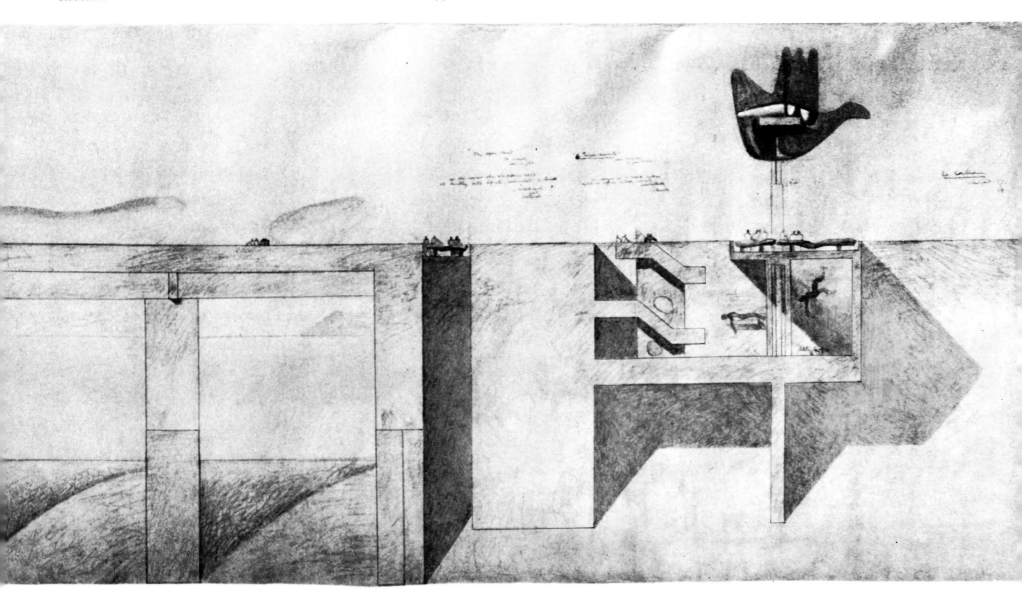

Die Stauanlagen von Bhakra in den Himalaya-Bergen von Indien

Die Stauwerke von Bhakra haben verschiedene Zweckbestimmungen. Sie setzen sich zusammen aus einer Staumauer, zwei Kraftanlagen, verschiedenen Kanälen und einer Anzahl Hochbauten. Diese Anlagen erzeugen elektrische Energie, regulieren die Flußläufe und beschaffen die Bewässerung der nordindischen Ebenen. Es ist das größte Schwergewicht-Stauwerk der Welt; die Staumauer ist die höchste von ganz Asien. Die Gewässer des Sutlej-Flusses sind in einem Tal des Himalaya-Südfußes gehemmt worden. Der Stausee mißt etwa 107 km² und ist von steilen, föhrenbedeckten Berghängen umgeben. Die landschaftliche Schönheit bildet einen großen Anziehungspunkt für Touristen.

Die Höhe der Staumauer beträgt etwa 225 m. Die ersten Aushubarbeiten wurden im Jahre 1948 unternommen. Die Ausführung der Staumauer wurde 1955 bewerkstelligt. Die ganze Anlage brauchte bis zur Vollendung 21 Jahre. Außer der Staumauer, den beiden Kraftwerken und den Kanälen wurden noch eine andere Stauanlage, provisorische Baracken für die Unterkunft von 15 000 Arbeitern und endgültige Wohnungen für das Personal errichtet.

Im Jahre 1958 wurde Le Corbusier auf Anraten der Wasserbauingenieure berufen, um die plastische Gestaltung des schon reichlich fortgeschrittenen Werkes zu prüfen. Die Staumauer und die Kraftwerke waren bereits in Arbeit, als Le Corbusier begrüßt wurde. Le Corbusier hatte nicht die Absicht, dem Aussehen des Stauwerkes eine besondere Bedeutung zu verleihen, da er der Ansicht war, daß die Gesamtanlage an sich schon die Landschaft bestimmend beherrsche. Sein eigentlicher Beitrag war die Gestaltung der den Damm abschließenden Brüstung und außerdem sein Vorschlag, das Monument der Offenen Hand als Krönung des Werkes zu plazieren, welch letzteres jedoch nicht angenommen wurde. Le Corbusier hatte ferner vorgeschlagen, eine Plattform für Besucher 500 Meter über dem Ablaufkanal zu errichten, von wo aus die Aussicht berg- und talwärts herrlich ist.

Le Corbusier war also beauftragt worden, die Architektur der Baukörper und die Umgebungsarbeiten des Stauwerkes und des Stausees zu gestalten. Er hatte auch die Pläne zu einem Museum entworfen und hätte noch eine Kaffeebar, ein Hotel, ein Motel, ein Touristenzentrum und einen Sportklub hinzufügen wollen.

Leider wurde er durch den Tod verhindert, diese Arbeiten auszuführen, und sogar das Museum blieb unausgeführt.

U. E. Chowdhury

Le Musée du XXe siècle à Nanterre (Paris)

Au début de l'année 1965, Le Corbusier fut prié par M. André Malraux, ministre chargé des Affaires culturelles, d'élaborer le projet d'un Musée du XXe siècle. L'atelier de la rue de Sèvres s'occupa activement des avant-projets – puis vinrent les vacances d'été – et la fin tragique qui priva la ville de Paris de bénéficier d'une œuvre magistrale du génial architecte.

M. Malraux a chargé bien des artistes d'importants mandats; mais c'est le Musée du XXe siècle qui constitue le programme capital parmi tant d'autres.

M. Malraux, écrivain d'une grande réputation et ministre chargé des Affaires culturelles, ordonna également que la villa Savoye à Poissy près de Paris, construite par Le Corbusier dans les années 1929 à 1931, fût entièrement restaurée. Cette œuvre était en mauvais état et vouée à la démolition. Grâce à l'intervention de M. Malraux elle est sauvée.

Parmi les tâches de la vie artistique de France le Musée du XXe siècle occupe sans nul doute la toute première place. Quantité d'expositions qui devraient être présentées à Paris ne peuvent avoir lieu faute de locaux. Le Grand Palais ne convient pas aux expositions d'art. D'autres musées, par exemple le Musée d'Art moderne, sont entièrement occupés par les collections permanentes.

On pourrait cependant se demander si Nanterre est bien l'endroit pour le Musée du XXe siècle; certes, Nanterre fait partie de l'Université de Paris et pourrait devenir, grâce à ce musée, un centre important.

Le Corbusier lui-même n'était pas passionné pour cette idée et il pensait que l'emplacement devait être examiné à nouveau. La situation aux abords du Grand Palais lui plaisait mieux, mais il n'est pas certain qu'il se soit exprimé en faveur de la disparition de cet édifice ou d'un terrain à proximité, vers la Seine.

Ce qui est certain, c'est que Le Corbusier songeait à un musée posé sur pilotis à dix mètres ou davantage au-dessus du niveau des rues et des places. Il pensait même recouvrir la Seine jusqu'au Quai d'Orsay (donc y compris le pont Alexandre III). C'est dans cet axe qu'est placé le Dôme des Invalides.

Après la mort de Le Corbusier, André Wogenscky, architecte, collaborateur de celui-ci pendant de longues années, fut chargé de la suite des études. Il est difficile, cependant, d'apprécier dans quelle mesure ce projet reste fidèle aux idées de Le Corbusier, comme les études préliminaires de cet immense ensemble faites par Le Corbusier ont été interrompues à leur début. Aussi a-t-il fallu reprendre tout le problème à la base.

A la page 166 nous montrons le projet Wogenscky afin de donner une idée de l'ampleur du programme. Le centre est formé par le carré du «Musée à Croissance illimitée», conception que l'on voit apparaître dès 1931 dans plusieurs projets analogues (Œuvres complètes, volume 2, 1929–1934, et volume 4, 1938–1946).

The Museum of the 20th Century, Nanterre

At the beginning of 1965, Le Corbusier was given the assignment by the French Government, or by André Malraux, Minister of Culture, to draw up plans for a Museum of the 20th Century. The studio in the rue de Sèvres was intensively engaged on the preliminary studies – then came the summer holidays – and thus the tragic end and as a result the Master was not privileged to give Paris a major work of his genius.

Malraux has awarded many outstanding projects to leading artists. The greatest of these is the Museum of the 20th Century. Malraux, as Minister of Culture and as one of the most important writers of this century, also ordered that the Villa Savoye in Poissy near Paris, built by Le Corbusier from 1929 to 1931, was to be completely renovated. This significant structure was doomed to decay and demolition. Thanks to Malraux, the house has been saved.

Along with many other problems involving artists in France, that of a Museum of the 20th Century inevitably has first priority. Many important exhibitions scheduled for Paris cannot be accommodated, because there are not available the suitable premises. The "Grand Palais" is not appropriate for art exhibitions. Other museums, such as the Museum for Modern Art, are already taken up by permanent collections.

It can be debated whether the location of the Museum of the 20th Century in Nanterre is the right one. To be sure, Nanterre accommodates part of the University of Paris and could develop into an art centre if it incorporated such a huge museum.

Le Corbusier, however, was never wholly of this opinion. At any rate, he expressed the view that the location ought to be reconsidered. There is no doubt that he was very much interested in a location near the "Grand Palais". It is no longer certain whether he was thinking of a building replacing the latter or, at any rate, of one adjoining it and facing the Seine.

In any case, Le Corbusier visualized here the Museum of the 20th Century set on pillars ten or more metres above the streets and squares. He even thought of bridging the Seine across to the Quai d'Orsay (i.e. including the Pont Alexandre III). This site lies in the axis of a complex ending in the Dôme des Invalides.

After the death of Le Corbusier, his former associate, who had worked with him for many years, André Wogenscky, was entrusted with the continuation of the project. It is difficult now to judge how comparable Wogenscky's plan is with Le Corbusier's, since Le Corbusier's preliminary studies on this project had to be dropped at an early stage. Therefore the continuation also had to be thought out afresh.

We present on page 166 the Wogenscky plan in order to give some idea of the extent of this project. The centre is constituted by the square slab of the "Musée à Croissance illimitée" (Museum designed for unlimited expansion), a design repeatedly employed by Le Corbusier since 1931 in similar projects (Œuvres complètes, volume 2, 1929–1934, and volume 4, 1938–1946).

Das Museum des 20. Jahrhunderts in Nanterre

Anfangs des Jahres 1965 wurde Le Corbusier von der französischen Regierung, beziehungsweise von André Malraux, Kulturminister, beauftragt, ein Museum des 20. Jahrhunderts zu projektieren. Das Atelier in der Rue de Sèvres beschäftigte sich intensiv mit den Vorstudien – dann kamen die Sommerferien – und damit das tragische Ende und der Umstand, daß es dem Meister nicht vergönnt war, der Stadt Paris ein markantes Beispiel seines Genies zu geben.

Malraux hat an viele namhafte Künstler Aufträge erteilt. Dazu gehört an deren Spitze das Museum des 20. Jahrhunderts. Malraux, als Kulturminister und als einer der bedeutendsten Schriftsteller dieses Jahrhunderts, verfügte auch, daß die in den Jahren 1929–1931 von Le Corbusier erbaute Villa Savoye in Poissy bei Paris nun vollständig renoviert wurde. Dieser bedeutende architektonische Bau war dem Zerfall und dem Abbruch geweiht. Dank Malraux ist das Haus nun gerettet.

Nebst vielen Problemen des künstlerischen Lebens in Frankreich steht an ihrer Spitze unweigerlich ein Museum des 20. Jahrhunderts. Viele bedeutende Ausstellungen, die in Paris gezeigt werden sollten, können nicht untergebracht werden, weil keine geeigneten Räume zur Verfügung stehen. Das «Grand Palais» ist für Kunstausstellungen nicht geeignet. Andere Museen, wie zum Beispiel das Museum für Moderne Kunst, sind bereits angefüllt mit permanenten Ausstellungen.

Ob der Standort für das Museum des 20. Jahrhunderts in Nanterre richtig ist, kann bezweifelt werden. Gewiß, Nanterre beherbergt zum Teil die Pariser Universität und könnte mit der Eingliederung eines so gewaltigen Museums ein künstlerisches Zentrum ergeben.

Le Corbusier war aber nie mit ganzem Herzen dieser Ansicht. Er äußerte jedenfalls den Gedanken, der Standort solle neu überdacht werden. Die Lage um das «Grand Palais» in Paris hat ihn zweifellos sehr beschäftigt. Ob der Standort anstelle dieses Baues oder jedenfalls anschließend der Seine zugewandt gedacht war, kann nicht mehr mit Sicherheit gesagt werden.

Le Corbusier sah jedenfalls hier das Museum des 20. Jahrhunderts, auf Säulen gestellt, zehn oder mehr Meter über den Straßen und Plätzen. Er dachte selbst die Seine bis zum Quai d'Orsay zu überbauen (also auch den Pont Alexandre III). In dieser Achse befindet sich der Dôme des Invalides.

Nach dem Tode von Le Corbusier wurde sein früherer und langjähriger Mitarbeiter, Architekt André Wogenscky, mit der Weiterbearbeitung betraut. Wie weit das Projekt Wogenscky mit demjenigen von Le Corbusier vergleichbar ist, ist heute schwer festzustellen, da die von Le Corbusier hinterlassenen Vorstudien zu dieser gewaltigen Aufgabe in ihren Anfängen abgebrochen werden mußten. Die Weiterbearbeitung mußte denn auch neu überdacht werden.

Wir zeigen auf Seite 166 das Projekt Wogenscky, um einen Begriff des Umfanges dieser Aufgabe zu vermitteln. Das Zentrum bildet die quadratische Scheibe des «Musée à Croissance illimitée» (Museum mit unbegrenztem Wachstum).

Le plan de situation, à l'échelle 1:4000, représente la conception initiale de Le Corbusier pour les bâtiments de Nanterre. L'aile arrondie (à gauche) aurait dû recevoir les écoles suivantes: architecture, arts appliqués, cinéma, radio, télévision, musique. Pour le Musée du XXᵉ siècle, Le Corbusier a adopté de nouveau le plan carré (à droite). Ce croquis a été signé par Le Corbusier le 29 juin 1965; c'est l'ultime plan de sa main.

Situation 1:4000. It shows the basic conception, as Le Corbusier imagined the buildings in Nanterre. The rounded block (left) should have contained the following schools: architecture, academy of fine arts, moving pictures, radio and TV, music. Le Corbusier chose the square form for the Museum of the 20th Century (right). This drawing was signed by Le Corbusier with the date June 29, 1965, and it is the last architectural plan he carried out.

Situationsplan, Maßstab 1:4000. Er zeigt die Grundkonzeption für die Gebäudeanlage des Museums des 20. Jahrhunderts in Nanterre. Der abgerundete Trakt, links, hätte folgende Schulen aufnehmen sollen: Architektur, Kunstgewerbe, Film, Radio, Fernsehen, Musik. Für die Unterbringung des Museums des 20. Jahrhunderts hat Le Corbusier wiederum die quadratische Grundform gewählt (rechts). Diese Skizze hat Le Corbusier mit dem Datum 29. Juni 1965 signiert, es ist der letzte von ihm selbst gezeichnete Architekturplan.

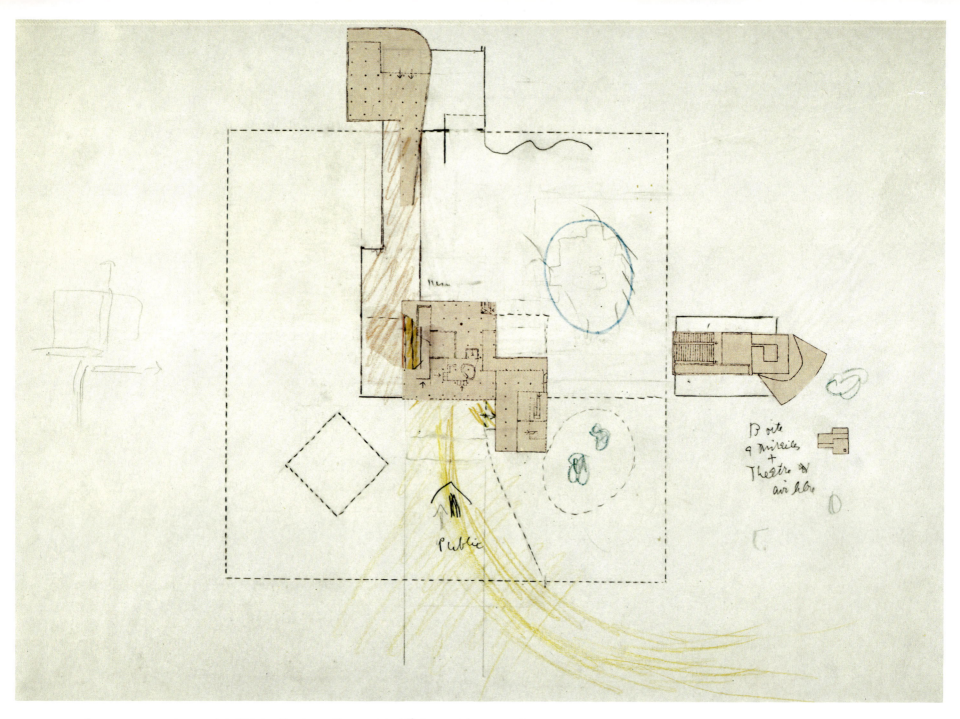

Le Musée du XXe siècle. Plan du rez-de-chaussée 1 : 2000. Au milieu du carré, il y a les accès principaux. A droite, en dehors du carré, Le Corbusier a imaginé la «Boîte à miracle», sorte de théâtre, couvert ou en plein air.

Museum of the 20th Century. Ground floor 1 : 2000. In the middle of the square are the main entrances to the museum. To the right, outside the square, Le Corbusier has planned the "Boîte à miracle" as an indoor or open-air theatre.

Museum des 20. Jahrhunderts. Erdgeschoß Maßstab 1 : 2000. In der Mitte des Quadrates befinden sich die Hauptzugänge zum Museum. Rechts, außerhalb des Museums, ist die «Boîte à miracle» als geschlossenes oder Freilufttheater gedacht.

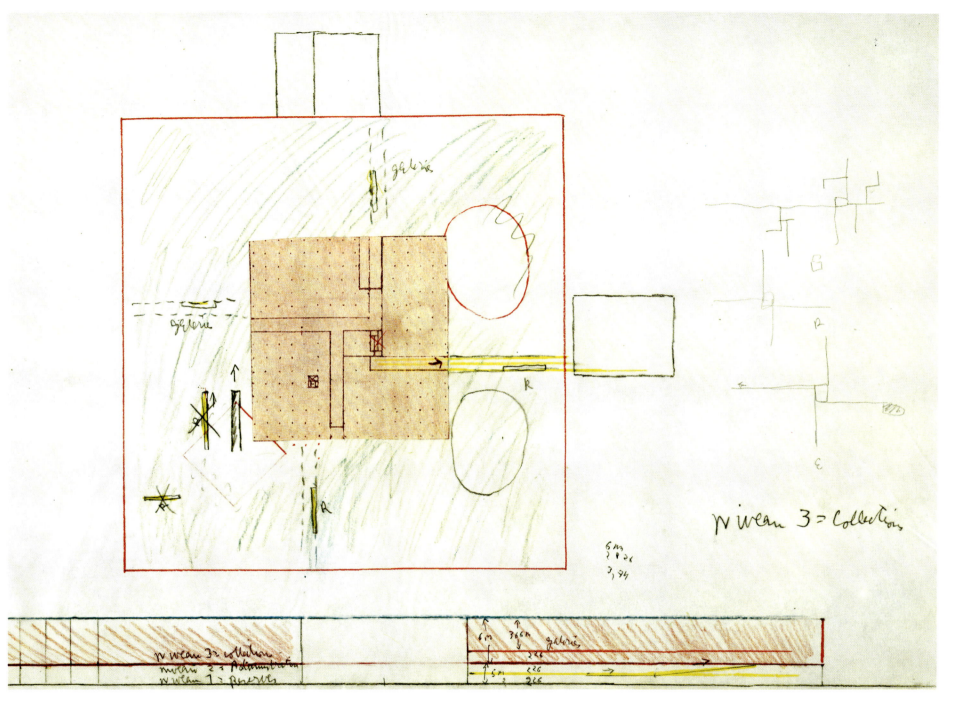

Le Musée du XXᵉ siècle, plan du 3ᵉ étage 1:2000. Il était prévu pour abriter les collections de peinture.
En-bas: Coupeı schématique sur le musée. L'idée de ce musée date de 1931, elle a été développée dès 1939, dans d'autres projets. Le Corbusier l'appelait «le musée à Croissance illimitée».

Museum of the 20th Century. The third floor (1:2000) was supposed to contain the collections of pictures.
Below: Schematic section of the museum. The basic conception for this shape of the museum was planned by Le Corbusier in the year 1931 and later in 1939. He called this form "the museum of unlimited expansion".

Museum des 20. Jahrhunderts. Das 3. Obergeschoß (1:2000) ist zur Unterbringung der Sammlungen vorgesehen.
Unten: Schematischer Schnitt durch das Museum. Diese Museumsform hat Le Corbusier bereits im Jahre 1931 und später 1939 für verschiedene Entwürfe angewandt, er nannte es «das unbeschränkt wachsende Museum».

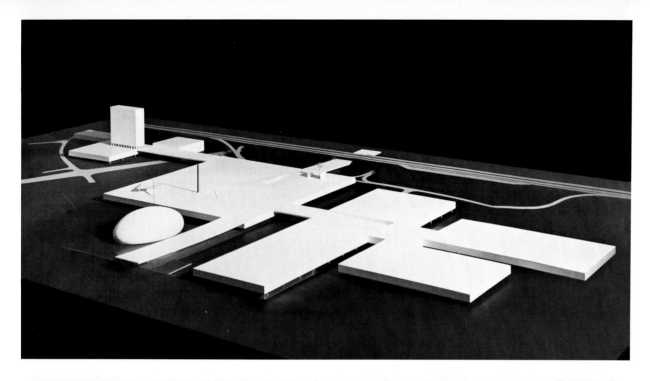

Le programme de l'Ensemble culturel de Nanterre comprend le Musée du XXe siècle et les quatre nouvelles Ecoles d'Art que le Ministère des Affaires culturelles désire réaliser au cours des années à venir.
Le Musée du XXe siècle avait fait l'objet précédemment d'un programme conduisant à prévoir 65 000 mètres carrés de surface utile.
L'Ensemble culturel est destiné d'autre part à grouper les quatre nouvelles Ecoles d'Art du Ministère des Affaires culturelles.
Il s'agit de l'Ecole d'Architecture, du Conservatoire de Musique, de l'Ecole de Radio–Cinéma–Télévision et de l'Ecole des Arts décoratifs. L'intention est de former une véritable université des arts et de faire bénéficier ces quatre écoles de tous les avantages pratiques et intellectuels de cette unité.

1	Extension Préfecture	10	Passerelle vers le parc
2	Préfecture	11	Ecoles
3	Palais de Justice	12	Conservatoire de Musique
4	Passerelle vers le musée	13	Ecole d'Architecture
5	Musée du XXe siècle	14	Vestibule des quatre écoles
6	Sculpture Main Ouverte	15	Ecole des Arts décoratifs
7	Restaurant	16	Passerelle vers le Métro
8	Mat Modulor	17	Autoroute
9	Grand Auditorium	18	Vers Paris

The Wogenscky Project 1969

The programme of the "Ensemble culturel" in Nanterre comprises the Museum of the 20th Century and the four new Schools of Art which the Ministry of Cultural Affairs intends to realize over the next few years.
The Museum of the 20th Century had been the subject of an earlier project envisaging 65 000 sq.m of utility surface.
The "Ensemble culturel" (Cultural Centre) is, in addition, intended to include the four new Schools of Art of the Ministry of Cultural Affairs.
These are the School of Architecture, the Conservatory of Music, the School of Radio–Cinema–Television and the School of the Decorative Arts. The intention here is to constitute a real university of the arts and to provide these four schools with all the practical and intellectual advantages of such a unity.

1	Extension Prefecture	10	Footbridge towards the park
2	Prefecture	11	Schools
3	Palace of Justice	12	Conservatory of Music
4	Footbridge towards the museum	13	School of Architecture
5	Museum of the 20th Century	14	Hall of the four schools
6	Sculpture Open Hand	15	School of the Decorative Arts
7	Restaurant	16	Footbridge towards the Metro
8	Modulor mast	17	Express highway
9	Large auditorium	18	Towards Paris

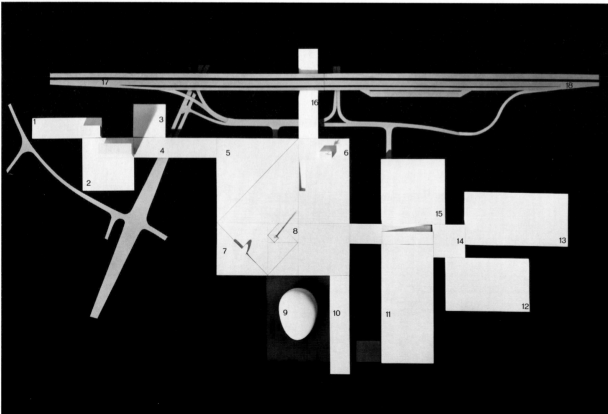

Das Projekt Wogenscky 1969

Der Komplex des Kulturzentrums in Nanterre enthält das Museum des 20. Jahrhunderts und die vier neuen Kunstschulen, die das Kultusministerium innerhalb der kommenden Jahre zu verwirklichen gedenkt.
Für das Museum des 20. Jahrhunderts wurde ein Bauprojekt von 65 000 m² Nutzfläche ausgearbeitet.
Das Zentrum sieht ferner vor, die vier neuen Kunstschulen des Kultusministeriums zu vereinigen.
Es handelt sich um die Architekturschule, das Konservatorium, die Schule für Radio, Film und Fernsehen und die Kunstgewerbeschule. Die Absicht besteht, eine eigentliche Kunsthochschule zu gründen, wobei jede Abteilung die andere fördern soll.

1	Erweiterungsbauten der Amtshäuser	9	Großer Hörsaal
2	Amtshaus	10	Brücke zum Park
3	Gerichtsgebäude	11	Schulen
4	Brücke zum Museum	12	Konservatorium
5	Museum des 20. Jahrhunderts	13	Architekturschule
6	Plastik Offene Hand	14	Halle der vier Schulen
7	Restaurant	15	Kunstgewerbeschule
8	Modulor-Mast	16	Brücke zur Untergrundbahn
		17	Autobahn
		18	Nach Paris

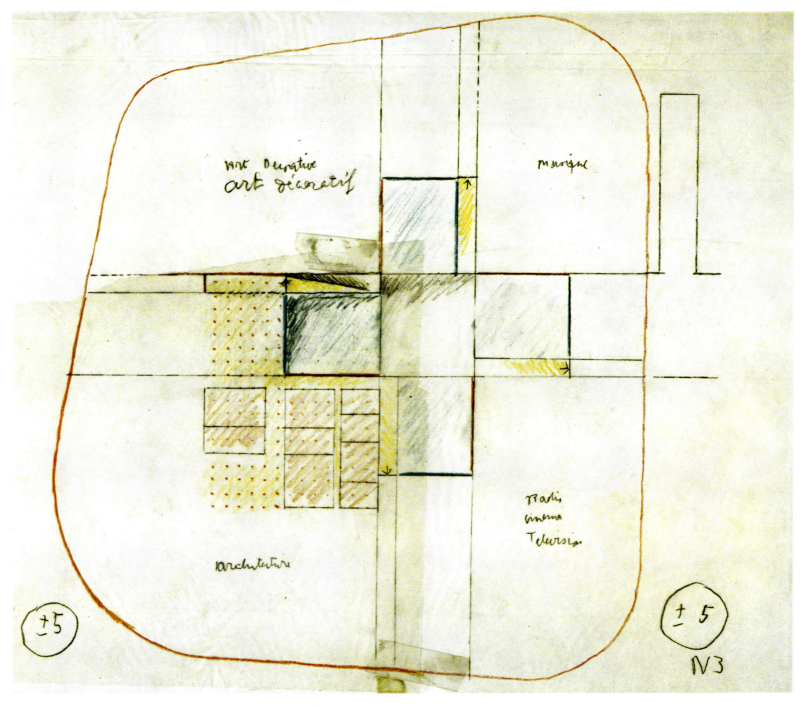

Un étage de l'aile de gauche, échelle 1:2000, destinée à contenir les écoles suivantes: architecture, arts appliqués, cinéma, radio et télévision, musique.

A floor of the left block, scale 1:2000, supposed to contain the following schools: architecture, fine arts academy, moving pictures, radio and TV, music.

Eine Etage des linken Gebäudeblockes im Maßstab 1:2000, zur Aufnahme folgender Schulen: Architektur, Kunstgewerbe, Film, Radio und Fernsehen, Musik.

Le Corbusier: Rien n'est transmissible que la pensée

L'extrait du texte qu'on va lire a été écrit par Le Corbusier un mois avant sa mort. C'est son ultime travail écrit. Il se lit comme une autobiographie, comme un testament spirituel ou comme le monologue d'un homme qui fait le bilan de son œuvre.

J'ai 77 ans et ma morale peut se résumer à ceci: dans la vie il faut faire. C'est-à-dire agir dans la modestie, l'exactitude, la précision. La seule atmosphère pour une création artistique c'est la régularité, la modestie, la continuité, la persévérance.

J'ai déjà écrit quelque part que la constance est définition de la vie, car la constance est naturelle et productive. Pour être constant il faut être modeste, il faut être persévérant. C'est un témoignage de courage, de force intérieure, une qualification de la nature de l'existence. La vie vient au travers des hommes, ou bien les hommes viennent au travers de la vie. Ainsi naissent toutes sortes d'incidences. Regardez donc la surface des eaux ... Regardez aussi tout l'azur tout rempli du bien que les hommes auront fait ..., car pour finir, tout retourne à la mer ...

Et fin de compte, le débat se pose ainsi: l'homme seul face à lui-même, lutte de Jacob et de l'Ange à l'intérieur d'un homme. Il n'y a qu'un seul juge. Sa propre conscience, c'est-à-dire vous-même. Ainsi tout petit ou tout grand mais pouvant aller (petit ou grand) du dégueulasse au sublime. Cela dépend de chacun, dès le début. On peut choisir le côté digne, pour soi, pour sa conscience, mais on peut aussi choisir l'autre possibilité: l'intérêt, l'argent.

Toute ma vie a été occupée à des découvertes. C'est un choix. On peut conduire de magnifiques Cadillac ou Jaguar, on peut aussi se passionner pour le travail que l'on fait. La recherche de la vérité n'est pas facile. Car il n'y a pas de vérité aux extrêmes. La vérité coule entre deux rives, mince filet d'eau ou masse coulante du fleuve ... Et à chaque jour différente ...

A 17 ans et demi, je construisis ma première maison. Déjà j'avais risqué contre l'avis des sages. Une témérité: deux fenêtres d'angle. Sur le chantier, au début, je saisis une brique et la soupèse. Son poids m'effraie. Je reste pétrifié. Alors une brique ... alors des millions de briques maçonnées l'une sur l'autre.

L'avis des sages, de nos fonctionnaires? Il importe peu. Je me souviens d'une conversation avec Maurice Jardot vers 1953. Il était question de Picasso. Picasso avait demandé à Jardot: «Cela faisait bien mon exposition à Rome, etc.?» Je répliquai à l'ami Jardot: «Si vous aviez répondu ‹Non, l'exposition faisait plutôt mauvais effet›, Picasso vous aurait dit: ‹Je m'en fous, j'ai raison, l'opinion m'est indifférente.›»

J'avais 60 ans lorsque me fut passée ma première et seule commande d'Etat, et ceci, sans doute, pour rire un peu! Le monde fut alerté partout. L'Esprit: un moyen âge. Après la guerre: reconstruction, pour Corbu: zéro. Toutes mes constructions sont dues à des initiatives privées. Grand nombre de projets épatants, ayons la modestie de le dire, furent torpillés par les fonctionnaires. Une fois, alors qu'on me remettait un illustre hommage, pour mieux m'écarter, j'ai dit que j'avais tout raté. C'est vrai dans la mesure où mes projets n'ont pu se concrétiser, c'est vrai dans la mesure où lorsque plus tard, lorsque j'aurai rejoint quelques zones célestes, les années de cheval de fiacre continueront. Messieurs les Non, vous serez toujours à l'affût, toujours contre. Les médiocrités continueront, les idioties seront toujours écrites, dites ou proclamées ... les barrages toujours installés ... les chers confrères ... les autorités, les ordres, les conseils supérieurs ... Souvenez-vous des coups bas, pour l'Unité d'habitation de Marseille, par exemple: «Des taudis à se taper la tête contre les murs ...» Et ce médecin psychiatre, président de l'ordre: «Eclosion de maladies mentales ...» Et aussi: «Contre les lois de l'hygiène ...» (du Conseil supérieur de l'Hygiène et de la Santé publique).

A 32 ans j'étais à l'«Esprit Nouveau», par ferveur, loyauté, témérité, mais aussi courage, risque accepté. A 32 ans est écrit «Vers une architecture», apparition claire et affirmation d'une vision des choses (risques compris), quand les racines étaient faites, les racines étant faites.

La jeunesse c'est la dureté, l'intransigeance, la pureté. Le ressort se détend, s'est détendu. C'était inscrit dans l'homme, dans une destinée. De l'enfance à 30 ans, quelle rumeur intense, quel brassage, quelles acquisitions! Il ne l'a jamais su le petit. Il allait sa route.

A Bogota, en 1950, j'avais eu le sentiment d'une page à tourner: fin d'un monde, immanente, imminente. Il ne reste plus à connaître que la durée en heures humaines, des secondes ou des minutes de cette ... catastrophe? Non, amis, de cette délivrance. Une circonstance sans emphase et nullement solennelle: un voyage d'affaire à Bogota me remplit les mains en cinq jours seulement d'une récolte de faits et de preuves d'ordre général et d'ordre personnel capables d'affirmer sans angoisse, mais, bien dans la joie de demain, que la page va tourner, une grande page de l'histoire humaine, l'histoire de la vie des hommes avant la machine et que celle-ci a brisée, broyée, mise en miettes. Exemple aux U.S.A. A New York 15 millions d'habitants, l'horreur d'une Société d'abondance sans but ni raison. A Long Island, mon ami Nivola, fils d'un maçon, cultive des légumes entre les murs détermineurs d'espaces. U.S.A.: les femmes, la psychanalyse partout, l'acte sans écho, sans but. Des journées sans suite, autre que d'arriver au bout. On travaille pour vingt-quatre heures, sans prévisions, sans sagesse, sans plans, sans étapes. New York! Cette ville est atroce sur le ciel, hirsute, sans politesse, chacun pour soi. Le terrain est vendu sur plan, par bloc au mètre de superficie. Tu as le droit de faire ce qu'il te plaira! Ville de «trade», fabriquer et vendre, sortir sa journée! On fonce dans tous les sens . . . sans pitié, sans jeu . . .

A Chandigarh, un soir, j'ai dit à Pierre Jeanneret: «Il n'y a que ceux qui jouent qui soient des types sérieux!» Pierre ayant protesté, j'ai repris: «Les alpinistes, les rugbymen et les joueurs de cartes, et les joueurs de roulette sont des fumistes, car ils ne jouent pas . . .»

Conformisme et non-conformisme. Tout ce que l'on apprend dans les écoles, dans les clubs politiques, dans les cours de danse arrive à constituer pour chaque individu et selon son caractère une constellation de points fixes formant un dessin indéformable, forteresse entre le libre jugement et le libre et juste usage des choses que donne le bon Dieu, ou les arrangements qu'en offrent les hommes. Montaigne ici alors est le bienvenu: «Au plus élevé trône du monde n'est-on encore assis que sur son cul.» Oui, la règle c'est le jeu. Il y a eu l'argent pour servir, puis il asservit et les hommes ont oublié de jouer. Quand mon client me remplit la tête de tels de ses petits besoins, j'accepte, j'accepte jusqu'à un certain point où je dis non, impossible! Car c'est alors hors de la règle de mon jeu, du jeu en question: le jeu de cette maison, de cette combinaison dont la règle a surgi à l'heure de la création, s'est développée, affirmée, devenue maîtresse. Tout à l'intérieur de la règle! Rien hors de la règle! Sinon je n'ai plus de raison d'exister. Là est la clef. Raison d'exister: jouer le jeu. Participer, mais humainement, c'est-à-dire dans l'ordre, dans un ordre pur. Mais il faut d'abord avoir regardé, vu, observé.

Alors on peut dégager des sensations, des perceptions et des idées. La métaphysique n'est que l'écume d'une conquête, le versant qui redescend, un fait où les muscles de l'action ont cessé de fonctionner. Ce n'est pas un acte, pas un fait, c'est un écho, un reflet. Et ça touche et effecte des types humains particuliers: les parleurs de discussions. On me prête des capacités occultes, mathématiques, nombres, etc. Je suis un âne mais qui a l'œil. Il s'agit de l'œil d'un âne qui a des capacités de sensations. Je suis un âne ayant l'instinct de la proportion. Je suis et demeure un visuel impénitent. C'est beau quand c'est beau . . . Mais c'est du Modulor! Je m'en fous du modulor, qu'est-ce que vous voulez que ça me fasse le modulor? Et puis, non! le modulor a fatalement raison, mais c'est vous qui ne sentez rien. Le modulor rallonge l'oreille aux ânes. (Ici, il s'agit d'un autre âne que l'âne moi-même cité plus haut.)

Au bout de la course 1951, à Chandigarh; contact possible avec les joies essentielles du principe hindou: la fraternité des rapports entre cosmos et êtres vivants: étoiles, nature, animaux sacrés, oiseaux, singes et vaches, et dans le village, les enfants, les adultes et les vieillards actifs, l'étang et les manguiers, tout est présent et sourit, pauvre mais proportionné.

En moi, je porte un réconfort, j'apporte un réconfort, comme un honnête âne, qui a fait son travail, accompli sa tâche! Je sais que l'horizon est libre et que le soleil va s'y lever . . . Méditez cette historiette: une fois, il y a un siècle, on installa le gaz dans toutes les cuisines de Paris . . . Le lendemain matin, la population s'est «réveillée vivante». Il n'y avait pas de morts à tous les étages; il n'y avait pas d'ambulances dans la rue pour enlever les cadavres. Les pompiers étaient restés chez eux. Que s'était-il passé? Pour chauffer la soupe du soir on avait ouvert le robinet du gaz et on l'avait refermé jusqu'à l'heure du café au lait du matin . . . Et depuis, on apprend ceci aux enfants: «Touche pas au robinet du gaz!»

Hors des bruits et des foules, dans ma tanière (car je suis un méditatif, je me suis même comparé à un âne, par conviction), depuis 50 années j'étudie le bonhomme «Homme» et sa femme et ses gosses. Une préoccupation m'a agité, impérativement: introduire dans le foyer le sens du sacré; faire du foyer le temple de la famille. Dès ce moment, tout devenait autre. Un centimètre cube de logis valait de l'or, représentait du bonheur possible. Avec une telle notion de la dimension et de la destination, vous pouvez faire aujourd'hui un temple à la mesure de la famille, en dehors des cathédrales elles-mêmes qui furent bâties . . . autrefois. Vous pouvez le faire par ce que vous y mettrez de vous-même.

Or, le XIXe et le XXe siècle instituaient les diplômes d'architecture, définissaient la notion d'architecture, en remettaient le contrôle à l'Institut des Beaux-Arts, le chargeant de veiller sur la chose . . . Jusqu'à la défaite de 1940, la France était le seul pays n'imposant pas de diplôme officiel à ses constructeurs, laissant aux esprits neufs et libres la possibilité d'inventer et de bâtir. La France eut des pionniers, la France, pays des inventeurs . . . La première loi de Vichy fut celle du diplôme obligatoire, que le Parlement avait jusque-là toujours rejeté. On apprenait dans l'école à faire des palais à toutes fins utiles et non pas des «contenants de famille», des «contenants de travail», des «contenants de loisirs», etc., c'est-à-dire des locaux. On a bâti les «maireries» de France, des églises en styles divers, des gares comme celle d'Orsay où des trains pour un quart de la France y aboutissent dans un sous-sol, sous un plafond haut de 3,50 m; au-dessus, une nef titanesque dépassant en dimensions les thermes de Caracalla de Rome sert aux moineaux. On bâtissait encore le «Grand Palais», proche de là, titanique aussi, pour les expositions. Qu'exposait-on? Des objets d'hommes et de femmes. Les hommes mesurant une moyenne de 1,70 m de haut, la nef du «Grand Palais» eut aussi 50 m de haut!

Depuis soixante et un ans, les bâtons de rouge à lèvres, les sièges de 43 cm de haut, les tables de 70 cm de haut s'y perdent sous des voûtes augustes! Ce palais fut l'ennemi mortel de toutes les expositions: les tableaux y étaient sans échelle, les statues idem. Depuis soixante et une années, il fallut à chaque fois (et plusieurs fois par année) consentir des aménagements coûteux pour mettre à l'aise les objets exposés. Des fortunes y passèrent – des milliards et des milliards! Des concessions à vie furent accordées pour ces équipements annuellement répétés. Malgré cet échec inconcevable, malgré cette leçon administrée pendant soixante années, on n'hésita pas à répéter l'erreur, on n'hésita pas à la faire, à la Défense, la plus grande voûte du monde «qui peut recouvrir la place de la Concorde d'un seul coup». Mais la place de la Concorde reste à Paris! La Défense est à vingt kilomètres.

Il y aura sous la coupole de la Défense des bâtons de rouge à lèvres, des chaises de 43 cm de haut et des tables de 70 cm de haut. «The greatest in the world», telle fut qualifiée cette voûte. Mot magique! Mais les autos et les piétons n'y parviennent pas et n'en reviennent pas. On en est à faire des métros, à élargir le pont de Neuilly, à aménager l'avenue Triomphale baptisée telle par les marchands de terrains.

Elle aboutira (l'avenue) sur l'Arc de Triomphe, aujourd'hui déjà démesurément embouteillé, à l'Obélisque de la Concorde; elle butera aux murs des Tuileries . . . On parle déjà de passer sous le Louvre, sous Saint-Germain-l'Auxerrois: on tombera sur l'Hôtel de Ville et on lui passera dessus. Jamais le mot «grrrrand» ne fut employé si tragiquement.

Ainsi donc fut faite l'architecture des «temps modernes» de Paris.

Pour ma part j'ai voué cinquante années de ma vie à l'étude du logis. J'ai ramené le temple dans la famille, au foyer. J'ai rétabli les conditions de nature dans la vie des hommes. Toute cette entreprise, je n'ai pu la mener à bonne fin qu'avec l'aide admirable des jeunes de mon atelier, 35, rue de Sèvres: passion, foi, probité. Je leur dis merci à tous. Il restera là, sans doute, avec tous ceux passés rue de Sèvres,

une semence utile. Peut-être plus tard, quelques fois, penseront-ils un peu au père Corbu qui leur dit aujourd'hui: «On travaille en fonction de sa propre conscience . . . C'est dans ce cercle que le drame humain se poursuit . . .»

Le monument de la Main Ouverte, par exemple, n'est pas un signe politique, une création de politicien. C'est une création d'architecte, cette création est un cas spécifique de neutralité humaine: celui qui crée est en vertu des lois de la physique, de la chimie, de la biologie, de l'éthique, de l'esthétique, toutes ensemble réunies en une seule gerbe: une maison, une ville.

La différence avec la politique, c'est que son équation comporte physique, chimie, résistance des matériaux, loi de la pesanteur, biologie, faute de quoi tout crève, tout casse, tout s'écroule. C'est comme l'avion: ça vole ou ça ne vole pas et la sanction est vite là. Alors, dans le complexe homme et matière (complexité des programmes) on s'aperçoit que tout est possible et tous les conflits réductibles. Il n'y a qu'à en être persuadé et à étudier le problème, ouvrir les mains à toutes matières, techniques et idées, trouver la solution. Etre content, être heureux. Et ne pas passer à la caisse. Qui me suit?

Cette Main Ouverte, signe de paix et de reconciliation, doit se dresser à Chandigarh. Ce signe qui me préoccupe depuis de nombreuses années en mon subconscient doit exister pour porter un témoignage d'harmonie. Il faut annuler les travaux de guerre, la guerre froide doit cesser de faire vivre les hommes.

Il faut inventer, décréter les travaux de paix. L'argent n'est qu'un moyen. Il y a Dieu et le Diable – les forces en présence. Le Diable est de trop: le monde de 1965 peut se mettre en paix. Il est encore temps de choisir, équipons plutôt que d'armer. Ce signe de la Main Ouverte pour recevoir les richesses créées, pour distribuer aux peuples du monde, doit être le signe de notre époque. Avant de me retrouver un jour (plus tard) dans les zones célestes parmi les étoiles du Bon Dieu, je serai heureux de voir à Chandigarh, devant l'Himalaya qui s'élève droit sur l'horizon, cette Main Ouverte qui marque pour le père Corbu un fait, une étape parcourue. A vous, André Malraux, à vous mes collaborateurs, à vous mes amis, je demande à m'aider à réaliser ce signe de la Main Ouverte dans le ciel de Chandigarh, cité voulue par Nehru, disciple de Gandhi.

J'avais à corriger, ces jours-ci, le manuscrit d'un livre écrit en 1911: «Le voyage d'Orient.» Tobito, un ancien de l'atelier 35, rue de Sèvres, était venu me rendre visite depuis le Venezuela à mon domicile rue Nungesser. Jean Petit est ensuite arrivé avec le texte du «Voyage d'Orient». Ensemble, nous avons bu le pastis et avons beaucoup

Cette huile (1954) était accrochée dans l'appartement de Le Corbusier. A droite, l'escalier conduisant au jardin sur le toit. Ce même motif a été utilisé pour une sculpture exécutée en 1963 (page 175).

This oil painting (1954) hung in the apartment of Le Corbusier. Right, the stairs to the roof garden. The same motif was altered for the sculpture (page 175) executed in 1963.

Dieses Ölgemälde (1954) hing im Appartement von Le Corbusier. Rechts die Treppe zum Dachgarten. Dasselbe Motiv wurde für die im Jahre 1963 ausgeführte Skulptur (Seite 175) abgewandelt.

parlé. Je me souviens leur avoir dit à tous deux que la ligne de conduite du petit Charles-Edouard Jeanneret à l'époque du voyage d'Orient était la même que celle du père Corbu. Tout est question de persévérance, de travail, de courage. Il n'y a pas de signes glorieux dans le ciel. Mais le courage est une force intérieure, qui seule peut ou non qualifier l'existence. J'étais heureux de revoir Tobito, de voir qu'il poursuivait, qu'il était parmi les fidèles. Lorsque nous nous sommes quittés tous trois, j'ai dit à Tobito qui pensait revenir me voir l'an prochain: «Oui, à Paris ou dans une autre planète …», et je me suis dit en moi-même: «Alors, sans doute, auront-ils de temps en temps une gentille pensée pour le père Corbu.»

Me retrouvant seul, j'ai pensé à cette phrase admirable de l'Apocalypse: «Il y eut dans le ciel un silence d'environ une demi-heure . . .» Oui, rien n'est transmissible que la pensée, noblesse du fruit de travail. Cette pensée peut ou non devenir une victoire sur le destin au delà de la mort et peut-être prendre une autre dimension imprévisible.

Certes, les politiques font flèche de tout bois et tirent parti des faiblesses pour faire du recrutement: on tient à rassurer les faibles et les indécis, les apeurés. Mais la vie peut renaître avec les plans, vie en potentiel dans les herbages et dans les troupeaux, en ces terres abandonnées, en ces villes tentaculaires qu'il faudra démanteler, dans les lieux de travail, les usines qu'il faut rendre belles comme l'enthousiasme . . . hors des routines et des fonctionnaires blasés.

Il faut retrouver l'homme. Il faut retrouver la ligne droite épousant l'axe des lois fondamentales: biologie, nature, cosmos. Ligne droite infléchissable comme l'horizon de la mer.

L'homme de métier, aussi, infléchissable comme l'horizon de la mer, doit être un outil de mesure pouvant servir de niveau, de repère au sein du fluctuant et de la mobilité. Son rôle social est là. Ce rôle le désigne pour être clairvoyant. Ses disciples ont installé l'orthogonal dans son esprit. Moralité: se foutre des honneurs, compter sur soi, agir pour sa conscience. Ce n'est pas par des traits de héros qu'on peut agir, entreprendre et réaliser.

Tout cela se passe dedans la tête, se formule et s'embryonne petit à petit au cours d'une vie fuyante comme un vertige, dont on arrivera au terme sans s'en rendre compte.

Paris, juillet 1965

Le Corbusier: Nothing is transmissible but thought

The following was written by Le Corbusier one month before his death. It is the last thing he ever wrote. It reads like an autobiographical monograph, like an intellectual testament, or like the dialogue of a man with himself in the act of summing up his life's work.

The following text is an excerpt.

I am 77 years old, and my moral philosophy can be reduced to this: in life it is necessary above all to act, and by that I mean, to act in a spirit of modesty, with exactitude, with precision. The only possible atmosphere in which to carry on creative work is one in which these qualities prevail: regularity, modesty, continuity, perseverance.

I have already written somewhere that constancy is a definition of life, for constancy is natural and productive. In order to be constant, one must be modest, one must be perseverant. It is a mark of courage, of inner strength, a property of the nature of existence itself. Life comes into the world through the agency of human beings, or, if you will, human beings come, are borne, by life. In this way all kinds of events come into being. Consider the surface of the waters . . . Consider also the entire world rounded by the azure sky replete with the good that men will have achieved . . . for, after all, everything returns to the sea.

And, when you finally get down to it, the dialogue, the basic confrontation, can be formulated like this: man alone face to face with himself, the wrestling of Jacob and the angel within the human soul. There is only one judge. One's own conscience, that is, yourself. One may be a nobody or a somebody, but one can go from the repellent to the sublime. It depends on each individual, from the very beginning. One can choose the worthy direction, one can act from one's conscience, but one can also choose the opposite: interest, money.

My entire life has been taken up with discoveries. It is a question of choice. One can drive wonderful Cadillacs or Jaguars, but one can also be passionately devoted to one's work. The quest for truth is not easy. For truth is not to be found at the extremes. The truth flows between two banks, a tiny rivulet or a mighty torrent . . . and different every day . . .

At the age of seventeen-and-a-half I built my first house. Already I had risked something against the advice of those who knew better. A shocking boldness: two corner windows. On the building site, when I started, I grasped a brick and I poised it in my hand. Its weight frightened me. I remain petrified. Well then, one brick . . . and then millions of bricks laid up one on top of the other.

The advice of those who knew better, of our functionaries? It matters little. I recall a conversation I had with Maurice Jardot around 1953. We were talking about Picasso. Picasso had asked Jardot: "It was a success, my show in Rome, wasn't it, etc.?" I replied to my friend Jardot: "If you had said, 'No, the exhibition was a flop', Picasso would have told you: 'I don't give a damn, I am right, what people think does not concern me.'"

I was 60 when I was given my first government contract, and that, no doubt, for the sake of a little laugh! Everyone was on the alert. The Spirit: a medieval period. The post-war: reconstruction, for Corbu: zero. All my buildings are due to private initiatives. A large number of excellent projects, let us admit in all modesty, were torpedoed by the bureaucrats. Once when praise was being showered on me, in order to get rid of me, I said that I had always missed the bus. This is true to the extent that my plans have not become realized, it is true to the extent that later when I shall have ascended to celestial realms, the horse-and-buggy age will go on. The gentlemen who always say No, you will ever be lying in wait, always against. The mediocrities will go on, idiocies will go on being written, said or proclaimed . . . the dams will go on being built . . . my dear colleagues . . . the authorities, the assignments, the executive committees . . . Do you remember the jibes at the time of the Unité d'habitation of Marseilles, for example: "Hovels where people can bang their heads against the walls . . ." And that psychiatrist: "A hatchery for mental disease . . ." And again: "Against the laws of hygiene . . ." (from the Executive Council of the Public Health Department).

At the age of 32, I was with the "Esprit Nouveau", out of fervent conviction, loyalty, temerity, but also courage, accepting all risks. At 32 I wrote "Towards an Architecture", a clear affirmation of a vision of reality (risks included), when the roots were being put down.

Youth means toughness, intransigeance, purity. Then the spring loses its tension, has lost its tension. This is man's fate. From infancy to the age of 30, what intense uproar, what schemes, what acquisitions! He never knew what was happening, the little fellow. He just went straight ahead.

In Bogota, in 1950, I had had the feeling that a page in life was being turned over: the end of a world, both immanent and imminent. There remains nothing more to know except duration in human hours, seconds or minutes of this . . . catastrophe? What delivered me? A perfectly matter-of-fact circumstance: a business trip to Bogota put into my hands within five days only a veritable harvest of facts and general findings capable of proving to me that the page is going to turn over, a great page in human history, the history of the life of men before the machine, the life that the latter has shattered, ground up, pulverized. Example in the USA. In New York 15 million inhabitants, the horror of an affluent society without aim or reason. On Long Island, my friend Nivola, son of a mason, cultivates vegetables between blank space-determining walls. USA: the women, psychoanalysis everywhere, the act without resonance, without goal. Days passed without sequel, except to get through them. People work for twenty-four hours, without forecasts of the future, without wisdom, without any plans, without meaningful stages. New York! This city is atrocious, towering up into the sky, hairy, lacking courtesy, every man for himself. Real estate is sold on a plan basis, a block at a time, by the square metre. You have the right to do whatever you like! A city of trade, where things are made and sold, where everyone gets through the day! There is excavating in all directions . . . without pity, without playfulness . . .

In Chandigarh, one evening, I said to Pierre Jeanneret: "Only those who play are serious types!" Pierre having objected to this, I replied: "The mountain climbers, the rugby players and the card players, and the gamblers, are all frauds, for they do not play . . ."

Conformism and non-conformism. Everything that one learns in the schools, in the political clubs, at the dancing lesson, amounts to a constellation of fixed points for each individual, an unalterable design, a defensive barrier between free judgment and the free and proper use of the things given us by God Almighty, or the arrangements thereof offered by other men. Montaigne is right: "A man sitting on the most exalted throne in the world is still sitting merely on his behind." Yes, the general rule commanding life is play. There was money to serve us, then it enslaved us, and men have forgotten how to play. When a client of mine stuffs my head with such and such little requirements, I accept, yes, I accept up to the point where I say no, impossible!

For then the thing gets outside the rules of my game, of the game in question, the game of this given house, of this combination whose rules have emerged at the moment of creation, have developed, affirmed themselves, become commanding. Everything within the rules — that's my motto! Nothing outside the rules! If not, then I no longer have any reason for existing. There we have the key to the situation. A reason for existing: to play the game. To participate, but as a human being, that is to say, within a system of order, within a pure order. But first, it is necessary to have watched, seen, observed.

Now then, one can isolate sensations, perceptions and ideas. Metaphysics is only the foam blowing over the surface of a conquest, the down-sloping side of the wave, where the muscles have ceased functioning. It is not an act, not a fact, it is an echo, a reflex. And this has a bearing on and influences particular human types: the speakers in discussions. I have been endowed with occult powers, higher mathematics, the wisdom of numbers, etc.

I am a stupid ass, but one which has an eye that sees. What I mean here is the eye of an ass which is capable of sensations. I am an ass with an instinct for proportions. I am and I remain an impenitent visionary. It is beautiful when, it is beautiful . . . But it's the Modulor! Actually I don't give a damn about the Modulor, what do you want me to do with the Modulor? And yet, again, the Modulor is always right, but you are the ones who feel nothing. The Modulor elongates the ears of the ass. (Here I mean another ass from the one mentioned above.)

At the end of 1951, in Chandigarh; possible contact with the essential delights of the Hindu philosophy: fraternity between the cosmos and living beings: stars, all of nature, sacred animals, birds, monkeys and cows, and in the village, the children, the adults and the still active old people, the pond and the mangroves, everything has an absolute presence and smiles; everything is miserably poor but well proportioned.

Within me, I have one consolation, I bring consolation to others, like an honest donkey that has done its work, finished its task! I know that the horizon is free and that the sun is going to rise there . . . Consider this little story: one day, a century ago, gas was installed in all the kitchens of Paris . . . The next morning the population "woke up alive". There were no dead bodies on every floor; there were no ambulances in the street to carry away the corpses. The firemen remained at home. What had happened? To warm up the evening soup, people had opened the gas jet, and had turned it off again until it was time for morning coffee . . . And since then, the following admonition has been given to children: "Don't touch the gas jet!"

Far from the madding crowds, in my lair (for I am a contemplative soul, I have even compared myself to an ass, out of conviction), I have for 50 years been studying the chap known as "Man" and his wife and kids. I have been inspired by one single preoccupation, imperatively so: to introduce into the home the sense of the sacred; to make the home the temple of the family. From this moment on, everything became different. A cubic centimetre of housing was worth gold, represented possible happiness. Starting with such an idea of dimensions and of ultimate purpose, you can in our times

Sculpture polychrome en bois, 1963 (hauteur 93,5 cm).
Polychrome wood sculpture, 1963 (height 93.5 cm).
Polychrome Holzplastik, 1963 (Höhe 93,5 cm).

fashion a temple on the scale of the family, outside the cathedrals which were built . . . in another age. You can do this because you will put a bit of yourself into it.

Now then, the 19th and the 20th centuries have instituted degrees in the subject of architecture, have defined the concept of architecture, have entrusted control to the Institute of Fine Arts, which is to keep watch over the matter . . . Down to the defeat in 1940, France was the only country which did not require any official diploma of its builders, leaving it to free spirits to invent and to build. France had its pioneers, France, a country of inventors . . . The first law enacted by Vichy was that covering the obligatory diploma, which the legislators had up to that time always rejected. Training was given in the schools how to create palaces for all useful purposes and not "family containers", "work containers", "leisure containers", etc., that is to say, premises. There were built the "town halls" of France, churches in various styles, railway stations like that of Orsay, where trains serving one fourth of France converge in a basement, beneath a ceiling 3.50 metres high; above, a titanic nave surpassing in size the Baths of Caracalla in Rome serves as a haunt for sparrows. There was also constructed the "Grand Palais", not far away, likewise titanic in scale, for exhibitions. What was exhibited? Objects produced by men and women. Men average 1.70 metres in height; the hall of the "Grand Palais" was 50 metres high!

For sixty-one years, the lipsticks, the benches 43 cm high, the tables 70 cm high get lost beneath august vaults! This palace was the mortal enemy of all exhibitions: pictures displayed in it were without scale, the statues dito. For sixty-one years, it was necessary to effect costly renovations (and several times a year at that) every time an exhibition was held in order to put the objects displayed at their ease. Fortunes were spent here – millions and millions! Lifetime concessions were granted for these annual remodellings. Despite this ill-success, despite this drastic lesson administered over a period of sixty years, they did not hesitate to repeat the mistake, they did not hesitate, at the Defense Ministry, to construct the largest vaulting in the world, "which can in one sweep span the Place de la Concorde". But the Place de la Concorde is staying in Paris! The Defense Ministry is twenty kilometres away.

Beneath the dome of the Defense building there will be lipsticks, chairs 43 cm high and tables 70 cm high. "The greatest in the world" – that's what this vault was called. A magical word! But the cars and the pedestrians do not go to and fro here. They are making underground railway lines, are enlarging the Pont de Neuilly, redoing the "Avenue Triomphale", as it has been styled by the real estate agents.

It (the Avenue) will lead into the Arc de Triomphe, now already choked with traffic, and go on to the Obélisque de la Concorde; it will come up against the walls of the Tuileries . . . There is already talk of running it underneath the Louvre, underneath Saint-Germain-l'Auxerrois: they will fall upon the Hôtel de Ville and they will pass beneath it. Never has the word "grrrrand" been employed so tragically. And that's how "modern" architecture was created in Paris.

As for me, I have devoted fifty years of my life to the study of the problem of housing. I have brought the temple to the family, to the domestic hearth. I have re-established the conditions of nature in the life of man. I never could have achieved what I have without the wonderful assistance of the young people in my atelier, at 35, rue de Sèvres: passion, faith, integrity. I thank them all. It will remain there, everything we have done, a useful sowing. Perhaps, in years to come, they will think a little of Père Corbu, who now tells them: "We work in terms of our own conscience . . . The human drama unfolds within this closed circle . . ."

The monument of the Open Hand, for example, is not a political emblem, a politician's creation. It is an architect's creation; this creation is a specific case of human neutrality: whoever creates something does so by virtue of the laws of physics, chemistry, biology, ethics, aesthetics, all unified together in one single sheaf: a house, a city.

The difference from politics is that the architect's equation comprises physics, chemistry, resistance of materials, the law of gravity, biology, failing which everything collapses, everything breaks, everything crumbles. It is like the airplane: either it flies or it doesn't fly, and we get our answer very soon. Well, in the man-material complex (complexity of building programmes) we realize that everything is possible and that all conflicts can be reduced. It is necessary only to be convinced of this and to study the problem, to open one's hands to all materials, techniques and ideas, to find the solution. To be content, to be happy. And not to reach for the cash. Who follows me?

This Open Hand, symbol of peace and reconciliation, is to be erected in Chandigarh. This emblem which has haunted my thoughts for many years ought to exist to bear witness that harmony is possible among men. We must cease preparing for war, the cold war should cease providing a livelihood for men. We must invent, decree the projects of peace. Money is nothing but a means. There is God and the Devil – the forces confronting us. The Devil is simply in the way: the world of 1965 is capable of living in peace. There is still time to choose, to equip ourselves rather than to arm. This emblem of the Open Hand, open to receive the wealth that has been created, to distribute it to the peoples of the world, ought to be the symbol of our age. Before joining the stars (some day), I shall be happy to see, in Chandigarh, in front of the Himalaya soaring up on the horizon, this Open Hand, which marks for Père Corbu an accomplished fact, a stage of life. I beseech you, André Malraux, you, my associates, you, my friends, to help me to realize this sign of the Open Hand in the skies of Chandigarh, city desired by Nehru, the disciple of Gandhi. Just recently I had to correct the manuscript of a work written in 1911: "Le voyage d'Orient." Tobito, an old-timer of the atelier, 35, rue de Sèvres, had come to visit me from Venezuela at my home in the rue Nungesser. Jean Petit then came in with the text of "Le voyage d'Orient". Together we sipped *pastis* and had a long talk. I remember telling them both that the comportment of the young Charles-Edouard Jeanneret at the time of the journey to the East was the same as that of Père Corbu. Everything is a question of perseverance, of work, of courage. There are no glorious signs in the heavens. But courage is an internal force, which alone can qualify existence or not. I was glad to see Tobito again, to see that he was persevering, that he was one of the faithful band. When we all parted, I said to Tobito, who was considering revisiting me the following year: "Yes, in Paris or on another planet . . .", and I said to myself: "Well, no doubt, from time to time they will have a kind thought for old Père Corbu."

When I was alone once more, I recalled that admirable line from the Apocalypse: "And in the heavens all was still for a time . . ."

Yes, nothing is transmissible except thought, the crown of our labour. This thought may or may not become a victory over fate in the hereafter and perhaps assume a different, unforeseeable dimension.

To be sure, political men fashion their missiles out of any material available and aim at the weak spots in order to attract recruits: they have to reassure the weak and the undecided, the timid souls. But life can be reborn in our plans, potential life in the pastures and the flocks, in these plots of waste land, in these sprawling cities which it will be necessary to dismantle, in places where people work, the factories which must be made beautiful out of enthusiasm . . . with no thought for routines and the objections of jaded functionaries.

We must rediscover man. We must rediscover the straight line wedding the axis of fundamental laws: biology, nature, cosmos. Inflexible straight line like the horizon of the sea.

The trained man, too, inflexible like the horizon of the sea, ought to be an instrument for measuring things, capable of serving as a level, as a datum line in the midst of flux and mobility. That's his social role. This role means that he must see clearly. His disciples have installed the orthogonal in his mind. Morality: not to give a damn for worldly honours, to count on oneself, to act only in accord with one's own conscience. It is not by playing the hero that one can act, tackle jobs and realize projects.

All this happens within a brain, gets formulated and grows little by little in the course of a life that flits by like a vertigo, the end of which comes before we realize it.

Paris, July 1965

Le Corbusier: Nur der Gedanke läßt sich übertragen

Den nachfolgenden Text hat Le Corbusier einen Monat vor seinem Tode niedergeschrieben. Es ist seine letzte schriftliche Arbeit. Er liest sich wie eine selbstverfaßte Monographie, wie ein geistiges Testament oder wie ein Zwiegespräch eines Menschen, der die Bilanz seines Schaffens überdenkt.
Der nachfolgende Text ist ein Auszug.

Ich bin 77 Jahre alt, und meine Moral läßt sich knapp so formulieren: Im Leben muß man schöpferisch sein, das heißt mit Bescheidenheit, Genauigkeit, Pünktlichkeit. Die alleinige Atmosphäre, die dem künstlerischen Schaffen bekommt, das ist Regelmäßigkeit, Bescheidenheit, Kontinuität, Ausdauer . . .

Ich habe irgendwo geschrieben, daß die Standhaftigkeit zum Leben gehört, denn sie ist natürlich und produktiv. Um standhaft zu sein, muß man bescheiden sein und durchhalten. Es ist ein Zeichen von Mut, innerer Kraft, eine Fähigkeit, das Dasein zu beherrschen.

Das Leben versperrt dem Menschen den Weg, oder der Mensch versperrt das Leben. So entstehen allerhand Vorgänge. Schaue auf die Fläche des Meeres . . . schaue in das Himmelsblau, das ganz erfüllt ist von menschlichen Wohltaten . . . und schließlich kehrt alles zum Meer zurück.

Der endgültige Entscheid liegt so: Der Mensch ist allein sich gegenüber, Kampf Jakobs mit dem Engel im Innern des Menschen. Es gibt nur einen Richter. Das eigene Gewissen, das heißt wir selber. So, ob ganz klein, ob ganz groß, geht jeder, ob klein, ob groß, den Weg vom Abstoßenden zum Erhabenen. Das hängt von jedem Einzelnen ab, zu Beginn. Man kann die Seite der Würde wählen, für sich, für sein Gewissen, doch kann man auch die andere Seite wählen: die Gier, das Geld.

Mein Leben war stets den Entdeckungen gewidmet. Es war dies meine Wahl. Man kann herrliche Cadillacs oder Jaguars steuern, aber man kann sich auch für die Arbeit begeistern, die man ausführt. Das Suchen nach Wahrheit ist nicht leicht; denn es gibt keine Wahrheiten in Extremen; die Wahrheit fließt zwischen zwei Ufern, das Wasser ist ein Geriesel oder ein strömender Fluß . . . und wechselt alle Tage . . .

Mit siebzehneinhalb Jahren baute ich mein erstes Haus. Schon damals handelte ich entgegen dem Ratschlag der Weisen und ging ein Risiko ein. Eine Verwegenheit: zwei Eckfenster. Auf dem Bauplatz nehme ich einen Backstein in die Hand und schätze sein Gewicht; ich bin erschrocken, wie schwer er wiegt. Ich bin versteinert. Hier ein Backstein . . . dann Millionen von Backsteinen übereinander gemauert!

Die Meinung der Weisen, unserer Beamten? Es ist unwichtig. Ich erinnere mich an ein Gespräch mit Maurice Jardot, um das Jahr 1953. Es war von Picasso die Rede. Picasso hatte Jardot gefragt: «Hat meine Ausstellung in Rom gut ausgesehen? usw. . . .» Ich entgegnete Freund Jardot: «Wenn Sie geantwortet hätten: ‹Nein, die Ausstellung machte eher einen schlechten Eindruck›, hätte Ihnen Picasso gesagt: ‹Ist mir einerlei; recht habe ich, die Meinung der andern ist mir gleichgültig.›»

Ich war 60 Jahre alt, als ich meinen ersten Auftrag vom Staat bekam, und zwar wahrscheinlich, um ein bißchen zu lachen! Überall war ringsum alles im Wallen. Der Geist: Mittelalter. Nach dem Kriege: der Wiederaufbau. Für Corbu: null. Alle meine Bauten entstanden aus privaten Aufträgen. Eine große Anzahl von schönen Projekten, es sei in aller Bescheidenheit gesagt, ist von Beamten torpediert worden. Einmal, als man mir eine große Ehrung verlieh, um mich leichter auf die Seite schieben zu können, habe ich gesagt, daß mir alles mißlungen sei. Das stimmt, insofern als meine Projekte nicht verwirklicht werden konnten; das wird ja auch dann noch stimmen, wenn ich einst die himmlischen Sphären erreicht haben werde und die Droschkengäule weiterbestehen werden. Sie Verneiner, meine Herren, Sie werden weiterhin auf der Lauer sein, immer dagegen. Die Mittelmäßigkeiten werden weiter dauern, die Torheiten werden stets geschrieben, gesagt oder verkündet werden . . . Die Sperren werden errichtet werden, weiterhin . . . die lieben Kollegen . . . die Behörden, die Vorschriften, die Stadträte . . .

Erinnert euch der unsportlichen Hiebe gegen die Unité d'habitation in Marseille, zum Beispiel. «Ein Elendsquartier um die Wände einzurennen . . .» Und dieser Psychiater, Vorstand des Ordens: «Ein Heim für Geisteskranke . . .» Oder: «Verstoß gegen die Gesetze der Hygiene . . .» (der Hohe Rat des Gesundheits- und Sozialministeriums). Mit 32 Jahren war ich an der Redaktion des «Esprit Nouveau», aus Enthusiasmus, Anständigkeit, Kühnheit und aus Mut, auf eigene Gefahr. Mit 32 Jahren war das Buch «Vers une architecture» («Kommende Baukunst») geschrieben, klarer Ausblick, neues Sehen der Dinge (auch der Gefahren), als die Wurzeln wuchsen, ja bereits gewachsen waren.

Die Jugend, das ist Härte, Unversöhnlichkeit, Reinheit. Die Spannkraft schwindet, ist geschwunden. Es war schicksalshaft. Von der

«Chevauchée», esquisse à la mine de plomb, 1964 (48,5 × 61,5 cm).
"Chevauchée", pencil sketch, 1964 (48.5 × 61.5 cm).
«Chevauchée», Bleistiftskizze, 1964 (48,5 × 61,5 cm).

Kindheit bis zum dreißigsten Jahre, welch lautes Geräusch, welche Umwertungen, welche Errungenschaften! Der Junge hat es nicht einmal gemerkt, er ging seinen Weg.

In Bogota, im Jahre 1950, hatte ich das Gefühl, es wende sich ein Blatt: Das Ende einer Welt, drohend, bevorstehend. Es bleibt nur noch die Möglichkeit, die Frist zu errechnen in Stunden, Minuten oder Sekunden, wann diese ... Katastrophe hereinbricht. Nein, meine Freunde, diese Befreiung. Ein undramatischer Umstand, ohne Feierlichkeit, bloß eine Geschäftsreise nach Bogota brachte mir in knappen fünf Tagen eine reiche Ernte von Tatsachen und Beweisen genereller und persönlicher Art, durch welche ich furchtlos und die Zukunft freudig begrüßend die Bestätigung bekam, daß eine Wendung bevorstehe, ein neues Blatt der menschlichen Geschichte beginne, der Geschichte der Menschheit, bevor die Maschine diese zerrüttete, zerstampfte, in Scherben schlug. Das Beispiel der Vereinigten Staaten. In New York 15 Millionen Einwohner, der Schrecken einer gesättigten Gesellschaft ohne Ziel noch Vernunft. Auf Long Island pflegt mein Freund Nivola, ein Maurerssohn, sein Gemüse zwischen raumbildenden Mauern.

USA: Die Frauen, überall Psychoanalyse, Wirken ohne Widerhall, ohne Ziel. Unabsehbare Tage mit der bloßen Absicht, ihr Ende zu erleben. Arbeit vierundzwanzig Stunden lang, ohne Aussichten, ohne Weisheit, planlos, weglos. New York! Diese Stadt ist entsetzlich, sie strotzt zum Himmel, struppig, rücksichtslos, jeder für sich. Die Grundstücke werden per Quadratmeter verkauft. Du hast das Recht zu machen, was du willst! Stadt des Handels, der Fabrikation und des Verkaufs, um den Taglohn herauszuschinden. Man stürzt sich in jede Richtung ... ohne Mitleid, ja ohne Spieltrieb ...

In Chandigarh sagte ich eines Abends zu Pierre Jeanneret: «Nur die, welche spielen, sind eigentlich ernste Kerle!» Als Pierre protestierte, fuhr ich fort: «Die Bergsteiger, die Fußballer und die Kartenspieler, auch die Roulettespieler, sind Aufschneider, denn sie spielen nicht ...»

Gewohnheitstier ohne Neuerer. Alles, was einer auf der Schule, in den politischen Vereinen, im Tanzkurs lernt, bildet je nach Individuum oder Charakter ein unveränderliches Sternbild von Fixpunkten, einen Zwinger, in dem die Wahl bleibt zwischen dem freien Urteil, dem freien und gerechten Gebrauch der Gaben Gottes oder den Vorurteilen der Menschen. Hier ist Montaigne willkommen mit seinem Ausspruch: «Noch auf dem höchsten Throne der Welt sitzt jeder nur auf seinem Arsch.» Ja, das Rechte ist das Spiel. Zuerst war das Geld da zum Dienen, dann hat es die Menschen versklavt, und sie haben das Spielen verlernt. Wenn mein Kunde mich mit seinen kleinen Anliegen

belästigt, sage ich zu bis zu dem gewissen Punkte, wo ich sage: Nein! ausgeschlossen! Denn da versagt die Regel meines Spieles, eben jenes Spieles: ein Haus ist auf dem Spiel, eine Anordnung, deren zwingende Regel sich gemeldet hat im Moment des Schaffens, sich entwickelt, bestätigt und siegreich durchgesetzt hat! Diese Regel kommt von innen heraus; nichts darf an ihr von außen her rütteln! Sonst brauche ich ja nicht da zu sein. Das ist die Lösung, die Daseinsberechtigung: das Spiel spielen. Mitmachen, jedoch mit Menschlichkeit, das heißt in hoher, reiner Ordnung. Zuerst muß man aber beobachtet, geschaut, betrachtet haben. Dann lösen sich die Gefühle, die Wahrnehmungen, die Ideen. Die Metaphysik ist nur der Schaum einer Eroberung, der absteigende Hang, das Aufhören der Muskeltätigkeit. Es ist keine Tat, keine Tatsache, nur ein Widerschein, ein Widerhall, und berührt und betrifft ganz besondere Menschentypen: die Schwätzer, die Nörgler. Mir spricht man geheime Kräfte zu, Mathematik, Zahlen usw.

Ein Esel bin ich wohl, aber Augen habe ich. Eselsaugen mit Empfindungen. Ein Esel, der den Instinkt für Proportionen besitzt; ich bin ein unverbesserlicher Augenmensch. Schön ist, was schön ist ... «Ach, das ist der Modulor!» Ich pfeife auf den Modulor, was soll ich mit dem Modulor anstellen? Doch nein! Der Modulor hat unabwendbar recht, aber Sie fühlen nichts. Der Modulor gibt lange Eselsohren! (Hier ist ein anderer Esel gemeint als mein obiges Ebenbild.)

Am Ende der Reise 1951, in Chandigarh: Kontakt mit den wesentlichen Freuden der indischen Lebensauffassung: die brüderlichen Beziehungen zwischen Welt und Lebewesen: Sterne, Natur, heilige Tiere, Vögel, Affen und Kühe, und im Dorfe die Kinder, die Erwachsenen und die lebhaften Greise, der Teich und die Mangobäume; alles gegenwärtig und heiter, arm, aber ebenmäßig.

Ich aber bringe neue Kräfte, ich trage sie wie ein guter Esel, der seine Arbeit gemacht, seine Pflicht getan hat. Ich weiß, der Horizont ist frei, die Sonne wird bald aufgehen ... Denken Sie über diese Fabel nach: Einst, es war vor hundert Jahren, wurde in allen Küchen von Paris das Gas eingerichtet ... Am nächsten Morgen erwachte die Bevölkerung und war lebendig; keine Toten auf jedem Podest, keine Krankenwagen auf den Straßen, um die Leichen wegzuschaffen. Die Feuerwehr war zu Hause geblieben. Was war passiert? Um am Abend die Suppe zu wärmen, hatte man den Gashahn aufgemacht und dann wieder zugemacht bis zum morgendlichen Milchkaffee ... und seither wird den Kindern beigebracht: «Laß den Gashahn in Ruhe!»

Fern vom Lärm und der Menge, in meiner Klause (denn ich bin ein Nachdenklicher, ich verglich mich soeben mit einem Esel, ernstlich), seit fünfzig Jahren studiere ich die Menschen, den Mann, die Frau und die Kindlein. Meine große Sorge, mein zwingender Gedanke war: dem Heim den Begriff des Sakralen zurückzuerstatten; aus dem Heim den Tempel der Familie zu machen. Von da an wurde alles anders. Ein Kubikzentimeter Wohnung ward Gold wert, wurde zu einem Stück Glückes. Mit diesem Begriff des Maßes und der Bestimmung kann man heute einen Tempel bauen für die Familie, mit der vergleichsweise selben Berechtigung wie damals die Kathedralen gebaut wurden. Man kann es machen, wenn man sich dafür hergibt.

Aber im 19. und 20. Jahrhundert wurden Diplome für Architekten eingesetzt, die Baukunst bekam feste Regeln, die Kunstinstitute waren mit deren Anwendung beauftragt ... Bis zur Niederlage im Jahre 1940 war Frankreich das einzige Land, das keine offiziellen Diplome verlangte und den neuen, freien Gestaltern die Möglichkeit gab, zu erfinden und zu bauen. Frankreich war das Land der Pioniere, das Land der Erfinder ... Das erste Gesetz, das Vichy erließ, war die Einführung des obligatorischen Diploms, was das Parlament bisher stets verworfen hatte.

In den Hochschulen wurde gelehrt, wie man aufs Geratewohl Paläste baut, aber keine «Gehäuse» für die Familie, «Gehäuse» für die Arbeit, «Gehäuse» für die Freizeit usw., das heißt Räume. Man baute «Ratgehäuser» in französischen Stilen, Kirchen in allen Stilen, Bahnhöfe wie die Gare d'Orsay, wo ein Viertel der Züge des Landes in einem Keller landen, bei einer Geschoßhöhe von 3,50 m; darüber eine gigantische Halle mit Ausmaßen, welche die Caracallathermen von Rom übertreffen, herrlich für die Spatzen! In der Nähe wurde noch das «Grand Palais», ebenfalls gigantisch, für Ausstellungszwecke errichtet. Was wurde da ausgestellt? Gegenstände für Männer und Frauen. Die Menschen mittlerer Größe sind 1,70 m hoch, die Halle des «Grand Palais» dementsprechend 50 m hoch!

Seit einundsechzig Jahren ducken sich unter diesen hehren Gewölben Lippenstifte, 43 cm hohe Sitzmöbel, 70 cm hohe Tische! Dieser Palast war der Erzfeind sämtlicher Ausstellungen: Die Gemälde verloren jeglichen Maßstab, die Plastiken ebenso. Seit einundsechzig Jahren mußten immer wieder, und manchmal sogar mehrere Male im Jahre, kostspielige Einrichtungen gebaut werden, um den ausgestellten Gegenständen einen passenden Rahmen zu geben. Vermögen gingen drauf – Milliarden und aber Milliarden! Dauerverträge wurden abgeschlossen, um diese jährlichen Einrichtungen zu sichern. Trotz diesem unglaublichen Mißerfolg, trotz diesem während sechzig Jahren erbrachten Beweis, wiederholte man ohne Bedenken den gleichen Irrtum; man beging ihn noch einmal und baute am «Rond-Point de la Défense» die größte Halle der Welt, mit einem Gewölbe, das die ganze Place de la Concorde auf einmal überdecken könnte.

Gott sei Dank bleibt die Concorde in Paris! Der Rond-Point ist zwanzig Kilometer davon entfernt.

Unter diesem Gewölbe des «Rond-Point de la Défense» werden wieder Lippenstifte, 43 cm hohe Sitzmöbel und 70 cm hohe Tische gezeigt werden. «The biggest in the world», so wurde dieses Gewölbe bezeichnet. Ein Zauberwort! Aber die Autos und die Fußgänger gehen nicht hin und kommen nicht zurück. Jetzt werden Untergrundbahnen gebaut, die Brücke von Neuilly wird verbreitert, eine Triumphstraße wird angelegt, wie die Grundstückhändler diese Allee nennen. Sie wird beim Triumphbogen einmünden, wo heute schon die größten Verkehrsstockungen herrschen, und am Obelisken der Concorde vorbeiführen, um schließlich gegen die Mauer der Tuilerien anzurennen ...

Man redet schon davon, sie unter den Louvre zu legen, unter Saint-Germain-l'Auxerrois: sie wird das Rathaus überfahren, überrumpeln. Nie wurde das Wort «grrrroß» mit größerer Tragik ausgesprochen. So sieht die Baukunst der neuen Zeit in Paris aus!

Für mein Teil habe ich fünfzig Jahre meines Lebens dem Studium der Wohnung gewidmet. Ich habe den Tempel in die Familie, in das Heim zurückgebracht. Ich habe für den menschlichen Alltag natürliche Bedingungen eingesetzt. Dieses Unternehmen konnte ich nur dank der wunderbaren Hilfe der jungen Leute meines Ateliers, 35, rue de Sèvres, zu einem guten Ende führen: Leidenschaft, Glaube, Ehrlichkeit. Ich sage ihnen allen Dank. Es wird zweifelsohne bei allen, die in der Rue de Sèvres gearbeitet haben, ein nützlicher Samen übrigbleiben. Vielleicht werden sie dereinst, von Zeit zu Zeit, an den Vater Corbu denken, der ihnen heute erklärt: «Wir arbeiten unserem Gewissen gemäß ... In diesem Rahmen erfüllt sich des Menschen Schicksal ...»

Das Denkmal der Offenen Hand, zum Beispiel, ist kein politisches Wahrzeichen, ein Gebilde von Politikern. Es ist eine Gestaltung aus eines Architekten Geist, es ist ein Sonderfall menschlicher Unvoreingenommenheit: der Gestalter gehorcht den Gesetzen der Physik, der Chemie, der Biologie, der Ethik, der Ästhetik, alles in einer einzigen Garbe vereinigt: das Haus, die Stadt.

Die Politik dagegen kennt weder Physik noch Chemie, Materialien, Schwerkraft, Biologie. Ohne diese birst ja alles, bricht ja alles zusammen. Wie beim Flugzeug: entweder fliegt es, oder es fliegt nicht; lange bleibt die Bestätigung nicht aus. Infolgedessen stellt man bei der Betrachtung des Vorganges Mensch–Materie (Vielfalt der Erscheinungen) fest, daß alles möglich ist und alle Konflikte lösbar sind. Nur darf es nicht an Überzeugung fehlen; die Probleme müssen angefaßt werden, die Hände geöffnet sein für alle Stoffe, Techniken und

Ideen, die Lösung muß gefunden werden. Man soll zufrieden sein, glücklich und unverzagt. Wer macht mit?

Diese Offene Hand soll in Chandigarh als Zeichen des Friedens und der Versöhnung errichtet werden. Dieses mich seit Jahren in meinem Unterbewußtsein beschäftigende Symbol muß entstehen als Zeugnis harmonischen Daseins. Aufhören müssen die Kriegshändel, auch der Kalte Krieg muß aufhören ein Geschäft zu sein. Wir müssen den Frieden schaffen, Friedensarbeiten beschließen. Das Geld ist ja nur ein Mittel. Da ist Gott und da der Teufel — die Kräfte stehen einander gegenüber. Der Teufel ist überzählig: die Welt 1965 soll sich dem Frieden widmen. Noch ist Zeit zur Wahl; ausrüsten statt aufrüsten.

Dieses Symbol der Offenen Hand, das die geschaffenen Güter empfängt, um sie den Völkern zu bieten, soll das Zeichen unserer Epoche sein. Wenn ich einst in den Himmelssphären unter Gottes Sternen weile, würde ich glücklich sein, diese Offene Hand in Chandigarh sich gegen das Himalayagebirge am Horizont abheben zu sehen, da sie für mich, Le Corbusier, eine Errungenschaft, eine Wegstrecke bedeutet hat. Sie, André Malraux, euch, meine Mitarbeiter, euch, meine Freunde, bitte ich, mir zu helfen, dieses Zeichen der Offenen Hand in den Himmel von Chandigarh, der von Gandhis Jünger Nehru gewollten Stadt, zu errichten.

Dieser Tage war ich daran, das Manuskript eines im Jahre 1911 geschriebenen Buches zu korrigieren: «Die Orientreise.» Tobito, ein früherer Mitarbeiter im Atelier 35, rue de Sèvres, besuchte mich in meiner Wohnung, rue Nungesser, von Venezuela her kommend. Jean Petit kam dann mit dem Text der «Orientreise». Wir haben zusammen einen Pastis getrunken und viel geplaudert. Ich erinnere mich, wie ich zu ihnen beiden sagte, die Richtlinien des jungen Charles-Edouard Jeanneret, zur Zeit seiner Orientreise, seien dieselben gewesen wie die des Vaters Corbu. Alles ist Sache der Ausdauer, der Arbeit, des Mutes. Es gibt keine Zeichen im Himmel, aber der Mut ist eine innere Kraft, die zur Existenz befähigt oder auch nicht. Ich war glücklich, Tobito wiederzusehen; festzustellen, daß er vorwärts geht und zu den Getreuen gehört.

Als wir auseinandergingen, sagte ich zu Tobito, der nächstes Jahr wiederzukommen gedachte: «Ja, in Paris oder auf einem andern Planeten ...», und ich dachte mir: «Dann werden sie wohl von Zeit zu Zeit einen lieben Gedanken haben für den Vater Corbu.»

Als ich wieder allein war, fiel mir dieser wunderbare Satz aus der Offenbarung ein: «Es ward eine Stille in dem Himmel bei einer halben Stunde.»

Gewiß, nur der Gedanke läßt sich übertragen.

Dieser Gedanke kann zu einem Sieg über das Schicksal oder zu einer Niederlage führen jenseits des Todes, und wohl auch eine unvorhergesehene Bedeutung erlangen.

Gewiß, die Politiker sind Ausbeuter und benützen die schwachen Seiten der Leute, um sich eine Wählerschaft zu sichern. Sie versuchen, den Schwachen, Unentschiedenen, Ängstlichen Versicherungen zu geben. Doch das Leben entsteht wirklich nur in der Gestaltung, deren Urbild schon auf den Weiden und in den Herden leuchtet, in verlassenen Geländen, in jenen Riesenstädten, die man einst wird schleifen müssen, auf den Arbeitsplätzen, in den Fabriken, die schön gestaltet werden sollten, wie eine helle Begeisterung ... fern von der Routine und fern von den eingebildeten Beamten.

Der *Mensch* muß wiedererobert werden. Die gerade Linie, die zu den Urgesetzen führt:

Biologie, Natur, Weltall. Die unbiegsame Gerade, straff wie des Meeres Horizont.

Der Berufsmensch soll auch unbiegsam sein wie des Meeres Horizont, ein Werkzeug und Meßinstrument, ein Anhaltspunkt im Beweglichen, Schwankenden. Seine soziale Rolle ist klar.

Er muß hellsichtig sein. Seine Schüler haben seine Rechtwinkligkeit, seine Rechtschaffenheit befolgt. Moral: auf Ehrenbezeugungen pfeifen, mit sich selber fertig werden, nach Wissen und Gewissen handeln. Mit heroischen Zügen kann man nichts behandeln, unternehmen und schaffen.

Dies alles geht durch den Kopf, wird Ausdruck und Form, gemächlich, im Laufe eines Lebens, welches entflieht, daß einem schwindlig zumute wird, bis zum unbestimmbaren Ende.

Paris, Juli 1965

Le Corbusier (1965)

Pierre Jeanneret

Nous ne voudrions pas achever ce huitième et dernier volume des Œuvres complètes de Le Corbusier sans mentionner l'éminent camarade, partenaire et compagnon de lutte de Le Corbusier.
Le Corbusier écrivait dans la préface du premier de ces volumes, en 1929:
«L'année 1922, je me suis associé à mon cousin Pierre Jeanneret. Avec loyauté, optimisme, initiative et persévérance et aussi avec bonne humeur, nous nous sommes mis au travail. Deux hommes qui se comprennent sont plus forts que cinq autres qui sont seuls. Comme nous ne poursuivions pas des buts lucratifs, nous n'avons jamais admis de compromis et, au contraire, nous nous sommes consacrés aux recherches créatives qui donnent la joie. Nous avons alors dessiné, depuis le moindre détail jusqu'aux grands plans d'ensemble, des études de villes . . .»
En 1940, la guerre a dissous l'équipe Le Corbusier–Pierre Jeanneret. Dès le début des études pour la ville de Chandigarh en 1951, Le Corbusier a appelé Pierre Jeanneret aux Indes, qui a surveillé, avec une grande méticulosité, tous les bâtiments projetés par Le Corbusier et – ce que celui-ci déclarait très souvent – en respectant exactement les plans élaborés à Paris.
Alfred Roth écrivait dans la revue «Werk» de juin 1968 la phrase qui définissait parfaitement le rôle de Pierre Jeanneret: «On a peut-être relégué trop souvent à l'arrière-plan cet éminent architecte et cet homme unique en méconnaissant ce que Le Corbusier lui-même et l'architecture de notre temps doivent à Pierre Jeanneret.»

We should not like to conclude this final volume of Le Corbusier's "Œuvres complètes" without mentioning the comrade, partner and fellow-pioneer of Le Corbusier. – Le Corbusier wrote in his introduction to the first volume of the Œuvres complètes, in 1929: "In 1922 I joined forces with my cousin, Pierre Jeanneret. With loyalty, optimism, initiative and persistence, with good humour . . . and in league with the resistant forces of the age, we set to work. Two men who understand each other are worth five others who stand alone. By never pursuing lucrative goals, by refusing to make compromises, but, rather, by being in love with our passionate quest, which is what makes life worth living, we have managed to occupy the entire field of architecture, from the minutest detail to the vast plans of a city."

In 1940, owing to the war, the team of Le Corbusier–Pierre Jeanneret was broken up.
At the very commencement of the preliminary studies for Chandigarh, in 1951, Le Corbusier summoned Pierre Jeanneret to India, where he supervised very meticulously all the buildings designed by Le Corbusier, and – this was always mentioned by Le Corbusier himself – strictly adhered to the plans worked out in Paris when it came to realization on the spot.
Alfred Roth, in "Werk", June 1968, wrote what is perhaps the definitive judgment: "We have too often overlooked this important architect and unique person, leaving him too much in the background of events, failing to realize how much Le Corbusier and modern architecture owe to Pierre Jeanneret."

Diesen 8. und letzten Band der «Œuvres complètes» Le Corbusiers möchten wir nicht abschließen, ohne des bedeutenden Lebenskameraden, Partners und Mitkämpfers Le Corbusiers zu gedenken. – Le Corbusier schrieb in seiner Einleitung zum ersten Band der «Œuvres complètes», im Jahre 1929:
«Im Jahre 1922 habe ich mich mit meinem Vetter, Pierre Jeanneret, zusammengetan. Mit Loyalität, Optimismus, Initiative und Ausdauer, mit gutem Humor . . . und im Bunde mit den Widerständen der Zeit haben wir uns an die Arbeit gemacht. Zwei Männer, die sich verstehen, sind soviel wert wie fünf andere, die allein sind. Indem wir niemals lukrative Zwecke verfolgten, keine Kompromisse schlossen, sondern im Gegenteil uns am schöpferischen Suchen begeisterten, das die Freude des Daseins ausmacht, haben wir das ganze Schachbrett der Architektur besetzt, vom kleinsten Detail bis zu den großen Plänen einer Stadt.»
Im Jahre 1940 wurde durch das Kriegsgeschehen das Team Le Corbusier–Pierre Jeanneret aufgelöst.
Bereits zu Beginn der ersten Studien für die Stadt Chandigarh im Jahre 1951 hat Le Corbusier Pierre Jeanneret nach Indien berufen, wo er alle von ihm entworfenen Bauten auf das peinlichste überwachte und – was Le Corbusier selbst immer wieder erwähnte – die in Paris ausgearbeiteten Pläne bei der Realisierung genauestens respektierte.
Alfred Roth schrieb im «Werk» vom Juni 1968 vielleicht den treffendsten abschließenden Satz: «Man hat diesen bedeutenden Architekten und einmaligen Menschen zu oft in den Hintergrund der Ereignisse gerückt, verkennend, wie vieles Le Corbusier und die Entwicklung der Architektur unseres Zeitalters Pierre Jeanneret zu verdanken haben.»

Pierre Jeanneret
né à Genève
le 22 mars 1896
décédé à Genève
le 4 décembre 1967

Pierre Jeanneret
born in Geneva
on March 22, 1896
died in Geneva
on December 4, 1967

Pierre Jeanneret
geboren in Genf
am 22. März 1896
gestorben in Genf
am 4. Dezember 1967

A la mémoire de Le Corbusier

Hommage du Gouvernement par Monsieur André Malraux, ministre d'Etat chargé des Affaires culturelles,
Cour Carrée du Louvre, 1er septembre 1965, à Paris

Excellence, Mesdames, Messieurs,
Au moment où le gouvernement décidait de rendre à Le Corbusier l'hommage solennel de la France, il recevait le télégramme suivant: «Les architectes grecs, avec une profonde tristesse, décident de déléguer leur président aux obsèques de Le Corbusier, pour déposer sur sa tombe de la terre de l'Acropole.»
Et, hier: «L'Inde, où se trouvent plusieurs des chefs-d'œuvre de Le Corbusier et la capitale qu'il a construite: Chandigarh, viendra verser sur ses cendres l'eau du Gange, en suprême hommage.»
Voici donc l'éternelle revanche.
Il est beau que la Grèce soit présente dans cette cour illustre qu'ordonnèrent tour à tour Henri II, Richelieu, Louis XIV et Napoléon; et que, ce soir, la déesse pensive incline lentement sa lance sur ce cercueil.
Il est beau que soient présents aussi les mandataires des temples géants et des grottes sacrées, et que cet hommage soit l'hommage des éléments.
Car c'est bien à un symbole fraternel, que s'adressent ces symboles. Le Corbusier a connu de grands rivaux, dont quelques-uns nous font l'honneur d'être présents; et les autres sont morts. Mais aucun n'a signifié avec une telle force la révolution de l'architecture, parce qu'aucun n'a été si longtemps, si patiemment, insulté.
La gloire trouve à travers l'outrage son suprême éclat, et cette gloire-là s'adressait à une œuvre plus qu'à une personne, qui s'y prêtait peu. Après avoir pendant tant d'années pris pour atelier le large couloir d'un couvent désaffecté, l'homme qui avait conçu des capitales est mort dans une cabane solitaire. Les baigneurs qui rapportèrent le corps du vieux nageur ignoraient qu'il s'appelât Le Corbusier. Mais peut-être eût-il été content de savoir que lorsqu'ils le voyaient chaque jour descendre vers la mer, ils l'appelaient l'Ancien.
Il avait été peintre, sculpteur, et, plus secrètement, poète. Il ne s'était battu ni pour la peinture, ni pour la sculpture, ni pour la poésie: il ne s'est battu que pour l'architecture. Avec une véhémence qu'il n'éprouva pour rien autre, parce que l'architecture seule rejoignait son espoir confus et passionné de ce qui peut être fait pour l'homme.
Sa phrase fameuse: «Une maison est une machine à habiter» ne le peint pas du tout. Ce qui le peint, c'est: «La maison doit être l'écrin de la vie.» La machine à bonheur. Il a toujours rêvé de villes, et les projets de ses «cités radieuses» sont des tours surgies d'immenses jardins. Cet agnostique a construit l'église et le couvent les plus saisissants du siècle. Il disait, à la fin de sa vie: «J'ai travaillé pour ce dont les hommes d'aujourd'hui ont le plus besoin: le silence et la paix.» Et le principal monument de Chandigarh devait être surmonté d'une gigantesque Main de Paix, sur laquelle seraient venus se poser les oiseaux de l'Himalaya. La Main de Paix n'est pas encore en place . . .
Cette noblesse parfois involontaire s'accommodait fort bien de théories souvent prophétiques et presque toujours agressives, d'une logique enragée, qui font partie des ferments du siècle. Toute théorie est condamnée au chef-d'œuvre ou à l'oubli. Mais celles-là ont apporté aux architectes la grandiose responsabilité qui est aujourd'hui la leur, la conquête des suggestions de la terre par l'esprit. Le Corbusier a changé l'architecture – et l'architecte. C'est pourquoi il fut l'un des premiers inspirateurs de ce temps.
Il y avait chez lui un créateur que nous ne pouvons pas séparer du théoricien, mais qui ne se confond pas avec lui. Disons qu'il en est le frère jumeau. Le Corbusier était avant tout l'artiste qui avait dit en 1920: «L'architecture est le jeu savant, correct et magnifique des formes assemblées dans la lumière», et, plus tard: «Puissent nos bétons si rudes révéler que, sous eux, nos sensibilités sont fines . . .»
Il inventait, au nom de la fonction comme au nom de la logique, des formes admirablement arbitraires. Bien entendu, il s'opposait au décor de la fin du XIXe siècle; il détruisait l'ornement. Mais la destruction du style-candélabre eût-elle suffi, quand on attendait encore de lui des masses géométriques, à susciter la proue de Ronchamp battue par les nuages des Vosges? Son austérité y retrouvait l'âme des basi-

1964: Remise de l'ordre du grand officier de la Légion d'honneur par le ministre André Malraux.

1964: Awarding of the Order of "Grand Officier" of the Legion of Honour by André Malraux.

1964: Verleihung des Ordens «Grand Officier de la Légion d'honneur» durch André Malraux.

liques romanes. Il semblait oublier, mais n'oubliait jamais, que ses maisons n'étaient pas seulement des maisons, que ses villes imaginaires n'étaient pas seulement des villes, et que Chandigarh était tout autre chose que la capitale du Pendjab. Il a puissamment expliqué ce qu'il aimait, et c'est pourquoi les architectes grecs envoient la terre de l'Acropole «à l'homme qui sentit et aima la Grèce». Mais ce ne sont pas ses écrits, qui ont révélé la fraternité secrète de la Grèce et de l'Inde: c'est Chandigarh. Ce ne sont pas ses théories, qui ont rendu manifeste la grande et profonde parenté des formes de l'architecture: ce sont ses œuvres. En même temps qu'il disait, avec raison, que les rues n'ont pas été faites pour les autos, mais pour les piétons et pour les cavaliers, il révélait un langage millénaire. Parce qu'il annonçait l'avenir, il métamorphosait tout le passé des morts, pour l'apporter aux vivants ...

Le Corbusier, vous que j'ai vu si ému par l'hommage filial du Brésil, voici l'hommage du monde ...

Au Japon, le jour commence, et les six chaînes de télévision projettent votre musée de Tokyo; l'aube point dans l'Inde où les passereaux de Chandigarh secouent leurs ailes sur vos monuments, pendant que nos moineaux s'endorment sur l'église de Ronchamp. De l'autre côté de la terre, le Ministère de Rio, l'épopée de Brasilia, vont s'allumer dans le soir ...

Comme le cortège des femmes de l'Inde portant la terre vers le piédestal vide de la Main de Paix, avec le geste des porteuses d'amphores, voici tour à tour le président Kubitschek, qui fit surgir Brasilia des plateaux désertiques, et qui vous exalte, «visionnaire de l'architecture, avec vos disciples Niemeyer et Costa». (Ce ne sont pas vos disciples, mais ce sont vos fils.) Niemeyer, l'architecte des palais d'Etat de l'Amérique latine, vient de dire: «Il fut le plus grand génie de l'architecture contemporaine» – et voici Costa, qui dessina le plus grand ensemble urbain du monde, venu suivre votre cercueil depuis la plage tragique.

Voici sa fille, votre élève, qui a drapé votre catafalque.

Voici les architectes de la Grèce, et ceux de l'Inde.

Voici le message d'Aalto, qui a transformé la Finlande; celui de l'Angleterre, qui dit: «Il n'est pas un architecte de moins de soixante ans qui n'ait été influencé par lui.» Voici celui des Soviétiques: «L'architecture moderne a perdu son plus grand maître.» Voici celui de Neutra, celui des architectes américains qui regrettent ce que vous pouviez faire encore.

Voici la voix du Président des Etats-Unis: «Son influence était universelle, et ses travaux sont chargés d'une pérennité qu'ont atteinte peu d'artistes de notre histoire ...»

Et voici enfin la France – celle qui vous a si souvent méconnu, celle que vous portiez dans votre cœur lorsque vous avez choisi de redevenir Français après deux cents ans – qui vous dit, par la voix de son plus grand poète: «Je te salue au seuil sévère du tombeau!»

Adieu, mon vieux maître et mon vieil ami. Bonne nuit ... Voici l'hommage des villes épiques, les fleurs funèbres de New York et de Brasilia. Voici l'eau sacrée du Gange, et la terre de l'Acropole.

In Memory of Le Corbusier

On behalf of the Government by André Malraux, Minister of Cultural Affairs, Cour Carrée du Louvre, September 1st, 1965, in Paris

Your Excellency, Ladies and Gentlemen,
Just when the Government had decided to render to Le Corbusier the solemn homage of France, it received the following telegram: "The Greek architects, in profound grief, have determined to delegate their president to the last rites for Le Corbusier, in order to deposit on his grave a portion of the earth of the Acropolis."
And, yesterday: "India, where several of the masterpieces of Le Corbusier are to be found, and the capital which he created: Chandigarh, will come to pour out over his remains water from the Ganges, in supreme homage."
Here then we see once again the eternally recurrent revenge.
It is fine that Greece is present in this illustrious courtyard ordered, in their turn, by Henri II, Richelieu, Louis XIV and Napoleon; and that, this evening, the pensive goddess slowly lowers her lance over this silent shroud.
It is also fine and fitting that there are also present the delegates of the vast temples and sacred grottoes of India, and that this homage is the homage of the elements.   •
For it is really to a fraternal symbol that these symbolic acts are addressed. Le Corbusier had great opponents, some of whom are doing us the honour of being present here; and the others are dead. But no one else has signified so forcefully the revolution in architecture, because no one has been so long, and so patiently, insulted.
Glory is supremely brilliant when it comes after outrage, and this glory concerns an achievement more than a person, who did not much lend himself to it. After having used as a studio the corridor of an abandoned convent, and that for many years, the man who had designed capitals has died in a solitary cabin. The bathers who brought in the body of the old swimmer did not know that his name was Le Corbusier. But perhaps he might have been happy to know that when they saw him each day going down to the sea, they would call him the Old Man.
He had been a painter, a sculptor, and, more secretly, a poet. He had not fought for painting, nor for sculpture, nor for poetry: he fought only for architecture. With a vehemence which he felt for nothing else, because architecture alone seconded his confused and passionate hope about what can be done for man.

His famous saying: "A house is a machine for living" does not describe his idea at all. What is more to the point is the following: "The house ought to be the jewel-case of life." The machine for happiness. He always dreamed of cities, and the plans of his "cités radieuses" are towers soaring up from immense gardens. This agnostic built the most striking church and convent of the century. He said, at the end of his life: "I have toiled for what modern man needs most of all: silence and peace." And the principal monument of Chandigarh was to have been surmounted by a gigantic Hand of Peace, on which the birds of the Himalaya would have perched. The Hand of Peace has not yet been installed . . .
This at times involuntary nobility of spirit accorded well with theories that are often prophetic and nearly always aggressive, possessed of an enraged logic, part of the intellectual ferment of the century. Every theory is condemned to be a masterpiece or to oblivion. But these theories have imposed upon architects the vast responsibility which is theirs, the conquest of the suggestions of the earth by the spirit. Le Corbusier changed architecture – and the architect. That is why he was one of the prime moving spirits of our age.
There was in his nature a creator that we cannot separate from the theoretician, but which is not identical with the man as such. Let us say that this is his twin brother. Le Corbusier is, above all, the artist who had said in 1920: "Architecture is the skilful, correct and magnificent play of shapes assembled in the light", and, later on: "May our roughest concretes reveal that, beneath them, our sensibilities are refined and delicate . . ." He invented, in the name of function as in the name of logic, admirably arbitrary forms. Of course, he was opposed to the decorations of the late 19th century; he destroyed the ornament. But would the destruction of the candelabra style have sufficed, when there was still expected of him geometrical masses, to call forth the prow of Ronchamp buffeted by the clouds of the Vosges? His austerity here fused with the soul of the Romanesque basilicas. He seemed to forget, but never actually forgot, that his houses were not solely houses, that his imaginary cities were not solely cities, and that Chandigarh was something quite other than the capital of the Punjab. He has explained in powerful terms what he loved, and that is why the Greek architects are sending earth from the Acropolis "to the man who felt and loved Greece". But it is not his writings that have revealed the secret fraternity of Greece and India: it is Chandigarh. It is not his theories that have made manifest the great and profound

relationship between the forms of architecture: it is his works. At the same time that he said, and rightly, that streets have not been made for motor-cars, but for pedestrians and for horseback riders, he revealed an immemorial language. Because he announced the future, he metamorphosed the entire past of the dead, so as to offer it to the living . . .

Le Corbusier, you whom I have seen so deeply moved by the filial homage of Brazil, here is the homage of all the world . . .

In Japan, day is commencing, and the six television networks are broadcasting your museum in Tokyo; the first light of dawn is reaching India, where the sparrows of Chandigarh are shaking their wings over your monuments, while our own sparrows go to sleep on the church of Ronchamp. On the other side of the world, Brasilia is about to light up for the evening . . .

Like the procession of the women of India carrying earth towards the empty pedestal of the Hand of Peace, with the gesture of bearers of amphorae, here, in his turn is President Kubitschek, who made Brasilia soar out of the waste plateau, and who praised you as "the visionary of architecture, with your disciples Niemeyer and Costa". (They are not your disciples, but they are your sons.) Niemeyer, the architect of the government palaces of Latin America, has just said: "He was the greatest genius of contemporary architecture" – and here is Costa, who designed the largest urban complex in the world, come to follow your coffin from the tragic shore where you died.

Here is his daughter, your pupil, who has draped your catafalque.

Here are the architects of Greece, and those of India.

Here is a message from Aalto, who has transformed Finland; one from England, which runs: "There is no architect under the age of sixty who has not been influenced by him." Here is the message of the Soviets: "Modern architecture has lost its greatest master." Here is Neutra, expressing the feeling of the American architects, who regret that you cannot create still more.

Here is the voice of the President of the United States: "His influence was universal, and his works are invested with a permanent quality possessed by those of very few artists in our history . . ."

And finally here is France – who has so often misunderstood you, whom you bore in your heart when you chose to become French again after two hundred years – who says to you, in the words of her greatest poet: "I salute thee on the austere threshold of the tomb!"

Farewell, old master and old friend. Good night . . . Here is the homage of the epic cities, the floral tributes of New York and of Brasilia. Here is the sacred water of the Ganges, and the earth of the Acropolis.

Zum Andenken an Le Corbusier

Ehrung der Regierung durch Kultusminister André Malraux,
Cour Carrée du Louvre, 1. September 1965, in Paris

Exzellenz, meine Damen und Herren,
Kaum hatte die Regierung beschlossen, Le Corbusier die feierliche Ehrung Frankreichs zu erweisen, als sie folgendes Telegramm erhielt: «Die griechischen Architekten, in tiefer Trauer, haben beschlossen, ihren Vorsitzenden an die Begräbnisfeier von Le Corbusier abzuordnen, um ein Stück Erde von der Akropolis auf sein Grab niederzulegen.»
Und gestern: «Indien, wo sich mehrere Meisterwerke von Le Corbusier befinden, und Chandigarh, die Hauptstadt, die er gebaut hat, werden kommen und als letzte Ehrung Wasser des Ganges auf seine Asche gießen.»
So kommt die ewige Vergeltung. Schön ist's, daß Griechenland zugegen ist in diesem hochberühmten Hofe, den nacheinander Heinrich II., Richelieu, Ludwig XIV. und Napoleon gestaltet haben, und daß, heute abend, die gedankenschwere Göttin langsam ihre Lanze über diesen Sarg neigt.
Es ist erhebend, daß zugleich die Beauftragten der riesigen Tempel und der heiligen Grotten zugegen sind und daß diese Ehrung unter dem Zeichen der Elemente steht.
Denn in der Tat betreffen diese Symbole den Sinn der Brüderlichkeit. Le Corbusier hat große Nebenbuhler gehabt, wovon einige uns die Ehre erweisen hier zu sein; die andern sind tot. Doch keiner hat mit einer solchen Mächtigkeit die Revolution der Architektur kundgetan, weil keiner so lange noch so ausdauernd beschimpft worden ist.
Der Ruhm erhält gerade durch die Beleidigungen seinen höchsten Glanz, und dieser Ruhm war an sein Werk mehr als an seine Person, die die Flanke nicht bot, gebunden. Nachdem er während so vieler Jahre den breiten Gang eines früheren Klosters als Atelier benutzt hatte, ist der Mann, welcher Hauptstädte erdacht hat, einsam in einer Hütte gestorben. Die Badenden, die die Leiche des alten Schwimmers ans Land trugen, wußten nicht, daß er Le Corbusier hieß. Vielleicht hätte er sich gefreut zu wissen, daß sie ihn, den sie täglich gegen das Meer hinabsteigen sahen, den Alten nannten.
Er war Maler, Bildhauer und insgeheim Dichter. Er hatte sich weder für die Malerei, noch für die Plastik, noch für die Dichtkunst kämpferisch eingesetzt: nur für die Architektur allein hat er gekämpft. Mit einer Heftigkeit, die er für nichts anderes empfand, weil die Architektur das einzige Gebiet war, in das er seine vagen und leidenschaftlichen Hoffnungen setzte, um den Menschen hilfreich zu sein.
Sein berühmter Satz: «Ein Haus ist eine Maschine zum Wohnen» umschreibt ihn durchaus nicht. Was ihn darstellt ist: «Das Haus soll der Schmuckkasten des Lebens sein. Die Glücksmaschine.» Sein Traum waren stets Städte, und die Entwürfe seiner «strahlenden Städte» sind Türme, die aus riesigen Gärten ragen. Dieser Ungläubige hat eine Kirche und ein Kloster gebaut, die zu den ergreifendsten Bauwerken des Jahrhunderts gehören.
Gegen Ende seines Lebens sagte er: «Ich habe für die notwendigsten Bedürfnisse der Menschen gewirkt: Ruhe und Frieden.» Und das wichtigste Denkmal in Chandigarh sollte von einer riesigen Friedenshand überragt werden, auf welche sich die Vögel des Himalaya gesetzt hätten. Doch steht diese noch nicht an ihrem Standort . . .
Dieser manchmal ungewollte Adel des Geistes paßte sehr wohl zu den oft prophetischen Theorien, die fast immer aggressiv und von einer wütenden Logik waren, Gärstoffe des Jahrhunderts. Jede Theorie gelangt notgedrungen zum Meisterwerk oder zur Vergessenheit.
Doch diese waren ein Appell an die Verantwortlichkeit der Architekten, so daß sie heutzutage nicht mehr anders handeln können als die Gegebenheiten des Erdbodens durch den Geist zu bezwingen. Le Corbusier hat die Architektur geändert – und die Architekten. So wurde er zu einem der geistigen Führer der heutigen Zeit.
Den Gestalter können wir vom Theoretiker nicht trennen, wenn auch beide nicht identisch sind; sagen wir, sie waren Zwillinge. Le Corbusier war vor allem ein Künstler, der 1920 gesagt hatte: «Die Baukunst ist das weise, reine und wunderbare Spiel der im Lichte vereinten Formen . . .» und später: «Mögen unsere so rohen Betonmassen verkünden, daß sie unsere feinsten Empfindungen umhüllen.» Er erfand, unter dem Vorwand der Funktion wie der Logik, wundervoll willkürliche Formen. Gewiß, er war gegen das Ornament des ausgehenden 19. Jahrhunderts; er zerschlug das Ornament. Mit der Zerstörung des Kerzenständerstils wäre es jedoch nicht getan gewesen, wo doch Aufgaben eines ganz anderen Ausmaßes seiner harrten, von den klaren Kuben bis zu den stürmischen Formen von Ronchamp, die sich gegen die Wolken der Vogesen ballen! In dieser ernsten Schöpfung atmet der Geist der romanischen Kirchen. Er schien zu vergessen, vergaß jedoch nie, daß seine Häuser nicht bloß Häuser, seine Phantasiestädte nicht bloß Städte waren, und Chandigarh weit mehr war als die Hauptstadt des Pandschab. Er hat sich machtvoll geäußert über das, was ihm wert war, und deshalb schicken die griechischen Architekten die Erde der Akropolis dem Manne, «der Griechenland verstanden und geliebt hat».

Doch nicht in seinen Schriften ist die geheime Verschwisterung zwischen Griechenland und Indien deutlich geworden: sondern in Chandigarh. Nicht seine Theorien allein haben die enge und tiefe Verwandtschaft der Formen der Architektur gerühmt: aber seine Werke. Wenn er mit Recht behauptete, die Straßen seien nicht für die Autos, sondern für die Fußgänger und die Reiter geschaffen worden, so sprach er eine tausendjährige Sprache. Indem er die Zukunft voraussagte, verwandelte er der Toten Vergangenheit, um sie den Lebenden zu spenden . . .

Le Corbusier, ich sah einst, wie Sie von Brasiliens anhänglicher Ehrung gerührt waren: hier ist die Huldigung der ganzen Welt.

In Japan beginnt jetzt der Tag, und die sechs Fernsehsender bringen Ihr Museum von Tokio; der Morgen dämmert in Indien, wo die Flügel der Sperlinge von Chandigarh auf Ihren Denkmälern schwirren, während unsere Spatzen auf der Kirche von Ronchamp zum Schlafen gehen. Auf der andern Seite der Erde beleuchtet die Abenddämmerung das Ministerium von Rio, das Gedicht von Brasilia . . .

Wie der hehre Zug der indischen Frauen, die die Erde zum leeren Sockel der Hand des Friedens mit der Gebärde der Amphorenträgerinnen bringen, kommen hier in hoher Folge der Präsident Kubitschek, welcher Brasilia aus der flachen Wüste erstehen ließ, und preist Sie: «Seher der Baukunst mit Ihren Schülern Niemeyer und Costa.» (Sie sind nicht Ihre Schüler, nein, Ihre Söhne!) Niemeyer, der Architekt der staatlichen Paläste Lateinamerikas, hat soeben gesagt: «Er war das größte Genie der zeitgenössischen Architektur» – und hier ist Costa, der Schöpfer der größten Stadtanlage der Welt, welcher gekommen ist, um Ihren Sarg vom tragischen Strand her zu begleiten.

Hier ist seine Tochter, Ihre Schülerin, welche die Draperien Ihres Katafalkes gefaltet hat.

Hier sind die Architekten Griechenlands, hier die aus Indien.

Hier ist die Botschaft Aaltos, welcher Finnland umgestaltet hat; und die Englands, welche sagt: «Es gibt keinen Architekten unter sechzig Jahren, der nicht durch ihn beeinflußt worden wäre.» Hier die Stimme der Sowjets: «Die moderne Architektur hat ihren größten Meister verloren.» Hier ist die Botschaft Neutras, welcher zu den amerikanischen Architekten gehört, die bedauern, daß Ihr Wirken unterbrochen wurde.

Hier die Stimme des Präsidenten der Vereinigten Staaten: «Sein Einfluß war weltweit, und seine Werke sind Ewigkeitswerke, wie sie nur wenige Künstler unserer Geschichte geschaffen haben.»

Und nun zuletzt Frankreich, das Land, das Sie so oft verkannte, das Sie in Ihrem Herzen trugen, als Sie die Wahl trafen, nach zweihundert Jahren wieder Franzose zu werden.

Frankreich spricht zu Ihnen in den Worten seines größten Dichters: «Ich grüße Dich auf des Grabes ernster Schwelle.»

Lebe wohl, mein alter Meister, mein alter Freund. Gute Nacht . . .

Hier ist die Ehrung der epischen Städte, hier sind die Trauerblumen von New York und Brasilia. Hier ist das heilige Wasser des Ganges und die Erde der Akropolis.

L'église du couvent de la Tourette (1960).
The abbey church of La Tourette (1960).
Die Klosterkirche von La Tourette (1960).

Notices biographiques
Biographical Notes
Biographische Notizen

Tables des matières de tous les volumes
Tables of Contents of all Volumes
Inhaltsverzeichnisse von allen Bänden

La chronologie ne saurait intégralement fournir toutes les indications de la vie et de l'œuvre de l'architecte.

1887   Naissance de Charles-Edouard Jeanneret le 6 octobre. En 1920, adoption du pseudonyme de *Le Corbusier* (ci-contre L-C).
Le père et le grand-père étaient graveurs; la mère, née Perret, était musicienne. La maison natale se trouve au 38 de la rue de la Serre à La Chaux-de-Fonds, ville jurassienne du canton de Neuchâtel (Suisse).
Les Jeanneret venaient du Midi de la France, et ont été, dit-on, des Albigeois (de la secte religieuse dénommée d'après Albi, ville du département du Tarn). Ils s'élevèrent contre l'Eglise catholique au XIIe et XIIIe siècle et furent persécutés. Au XVIe siècle les Jeanneret émigrèrent dans le Jura suisse avec les huguenots. En 1930 L-C acquit de nouveau la nationalité française.
Ces données ont de l'importance, car elles expliquent le tempérament et l'esprit méridional de L-C, sa combativité et son courage.

1900   L-C entre à l'Ecole des Arts et Métiers de La Chaux-de-Fonds comme élève graveur et ciseleur où il subit l'influence déterminante de son maître, le peintre l'Eplattenier: il s'intéresse à la peinture et à l'architecture.

1904   L-C suit les leçons des «Cours supérieurs de Décoration», fondés par l'Eplattenier qui en a été le directeur.

1905   Première commande d'une maison, la villa Fallet à La Chaux-de-Fonds.

1907   Premier voyage, assez long, en Italie du Nord, en Toscane, où L-C fut très impressionné par la chartreuse d'Ema à Galluzzo, puis à Sienne, Ravenne. Poursuivant son voyage, il se rend à Budapest et à Vienne. Là, L-C travaille quelques mois chez Josef Hoffmann («Ateliers viennois») et est informé des idées novatrices de l'architecte Adolphe Loos.

1908   Voyage de Vienne par Nuremberg, Munich, Nancy à Paris qu'il voit pour la première fois. Il y fait la connaissance de Jourdain, Grasset, Sauvage, etc. Il semble que, à cette époque, il rendît visite à Tony Garnier («Vers une Architecture»).
Jusqu'au printemps 1909, il travaille chez Auguste Perret où il se familiarisa avec l'emploi du béton armé.

1909   L-C rentre à La Chaux-de-Fonds où il contribue à la fondation des «Ateliers d'art réunis».

1910   Cet institut le charge de faire des voyages d'étude en Allemagne pour prendre contact avec les promoteurs du «Werkbund» allemand. C'est à cette occasion qu'est publié le premier écrit de L-C: *Etude sur le mouvement d'art décoratif en Allemagne* (1912). Durant cinq mois L-C travaille chez l'architecte Peter Behrens. Il a des contacts avec Walter Gropius, Mies

van der Rohe, Heinrich Tessenow, Wolf Dohrn, etc. A ce même moment, le frère unique de L-C, le musicien Albert Jeanneret, séjourne en Allemagne et travaille à l'Institut de Rythmique de Jaques-Dalcroze à Hellerau.

1911   Voyage en Europe centrale et dans les Balcans en compagnie d'Auguste Klipstein, alors étudiant de l'histoire de l'art à Berne: Vienne, Budapest, la Roumanie, la Turquie, la Grèce (séjour de trois semaines au Mont Athos); puis, en octobre, à Pompéi, Naples, Rome, Florence. Les impressions de ce voyage ont été publiées dans une série d'articles dans la «Feuille d'Avis de La Chaux-de-Fonds» et, en 1966, dans un livre intitulé *«Voyage d'Orient»*.
L-C devient professeur à la «Nouvelle Section de l'Ecole d'Art» à La Chaux-de-Fonds.

1912   Voyages à Zurich et à Paris. Au Salon d'Automne, L-C expose pour la première fois une série d'esquisses et d'aquarelles de voyage (1907–1913) sous le titre de «Langage des pierres».
Deux constructions: la villa de son père à La Chaux-de-Fonds à la rue de la Montagne et la villa Favre-Jacot au Locle.

1914   Dissolution de la «Nouvelle Section de l'Ecole d'Art», fondée par l'Eplattenier.
Maison en série «Domino» (Œuvres complètes 1).

1916   Début de la dernière construction privée exécutée par L-C à La Chaux-de-Fonds, la villa Schwob.

1917   L-C s'installe définitivement à Paris et habite à la rue Jacob jusqu'en 1933; atelier rue Astor.

1918   Lors d'une manifestation du groupe «Art et Liberté», L-C fait la connaissance du peintre Amédée Ozenfant, avec lequel il rédige l'article *«Après le Cubisme»*. Exposition commune de leurs tableaux à la galerie Thomas, rue de Penthièvre à Paris.

1919   Vers la fin de l'année a lieu la fondation de la revue *«L'Esprit Nouveau»* avec Ozenfant, le poète Paul Dermée et L-C. Rédaction à la rue du Cherche-Midi. Cette revue *«de l'activité contemporaine»* paraît de 1920 à 1925 et atteint le nombre de 28 fascicules.

1920   Parution du premier numéro de *«L'Esprit Nouveau»* le 15 octobre. Succès. Les premiers articles de L-C sont signés du pseudonyme de Le Corbusier-Saugnier. Saugnier est le pseudonyme d'Ozenfant, mais qui n'apparaît plus peu de temps après. L-C signe seul. Le nom de L-C est emprunté à un de ses ancêtres. Cette année-là il se lie avec Fernand Léger.

1921   L-C expose une série de tableaux à la galerie Druet à Paris. Contacts avec Raoul La Roche, qui collectionne des œuvres cubistes.

1922   L-C s'installe au 35, rue de Sèvres avec son cousin Pierre Jeanneret (Genève). Ils organisent une agence au premier étage d'un ancien couvent jésuite, dans un long corridor donnant sur une cour intérieure. Au début de la seconde guerre, en 1940, l'atelier doit être délaissé un certain temps, et Pierre Jeanneret n'y retournera pas à la fin de la guerre. Mais L-C y restera jusqu'à la mort en 1965. Exposition au Salon d'Automne et aux Indépendants. Première conférence publique à la Sorbonne.

1923   Publication de la série d'articles parus dans *«L'Esprit Nouveau»* sous la forme d'un livre intitulé *«Vers une Architecture»*. Exposition de tableaux à la galerie Léonce Rosenberg à Paris.

1924   Jean Badovici publie régulièrement jusqu'en 1938 les projets et les réalisations de l'atelier L-C et Pierre Jeanneret dans la revue *«Architecture vivante»* (Edition Albert Morancé, Paris).

1925   Construction du pavillon de «L'Esprit Nouveau» à l'exposition internationale des Arts décoratifs à Paris (Œuvres complètes 1, pages 100–108).
La revue *«L'Esprit Nouveau»* cesse de paraître. L-C publie les ouvrages *«Urbanisme»*, *«L'Art décoratif d'aujourd'hui»* et *«La Peinture moderne»* (en collaboration avec Ozenfant). Gertrude Stein présente L-C au ministre de Monzie.

1926   Le père de L-C meurt le 11 avril. Publication de *«l'Almanach d'architecture moderne»*.

1927   Dépôt du projet de concours pour le Palais des Nations à Genève. Premier prix ex aequo. Contestations du jury. L-C fait des conférences à Madrid et à Barcelone; son intérêt pour les œuvres d'Antoine Gaudí. Conférences à Francfort et à Bruxelles.

1928   Conférences en Amérique latine. Voyage à Moscou. En juin 1928 fondation des «Congrès Internationaux d'Architecture Moderne» (CIAM) au château de La Sarraz, sur l'initiative de Madame Hélène de Mandrot. Fernand Léger fait à Berlin une conférence sur L-C. En automne, publication du livre *«Une maison – un palais»*.

1929   Au Salon d'Automne: exposition de meubles modernes. Deuxième congrès CIAM à Francfort s/M. Premier voyage à Alger.

1929   **Publication du premier volume des «Œuvres complètes 1910–1929» par W. Boesiger et Stonorow chez H. Girsberger, éditeur à Zurich. Sommaire à la page 205.**

1930   Publication du livre *«Précisions sur un état présent de l'architecture et de l'urbanisme»*. Troisième congrès

CIAM à Bruxelles. Collaboration à la nouvelle revue «Plan». Voyage en Espagne.

L-C citoyen français; mariage avec Yvonne Gallis, de Monaco.

1931 Invitation à un concours restreint pour le palais des Soviets. Collaboration à la revue «Plans» (1931/32). Le congrès CIRPAC à Barcelone. Voyage en auto avec Pierre Jeanneret en Espagne, au Maroc, en Algérie et à Marseille.

1932 Manifestation publique à la salle Wagram, à Paris, organisée par l'Ecole des Beaux-Arts et l'Ecole polytechnique, pour la réhabilitation de L-C. Publication de l'ouvrage «Croisade ou le Crépuscule des Académies».

Plusieurs conférences dans la grande salle de la Bourse, à Zurich.

1933 Collaboration à la revue «Préludes». L-C déménage de la rue Jacob dans l'atelier mansardé de la rue Nungesser-et-Coli. Attribution du doctorat d'honneur de la Faculté des Lettres II de l'Université de Zurich. Quatrième congrès CIAM à Athènes à bord d'un bateau. Définitions de la «Charte d'Athènes». Alger: exposition de la Cité Moderne – Plan Obus. Conférences à Stockholm, Oslo, Goeteborg et Anvers.

1934 Publication du deuxième volume des «Œuvres complètes 1929–1934» par W. Boesiger chez H. Girsberger à Zurich. Sommaire à la page 205.

1934 Voyages à Alger. Conférences à Rome, Milan, Barcelone. L-C participe au symposium à Venise sur «Art et Etat», organisé par l'Institut international de Coopération intellectuelle de la Société des Nations.

1935 L-C se rend pour la première fois aux Etats-Unis sur l'invitation du «Musée d'Art moderne» à New York et de Nelson Rockefeller. Tournée de conférences: New York (Université Columbia), Yale, Boston, Chicago, Madison, Philadelphie, Hartford, Collège Vassar, etc. Exposition «Art primitif» dans l'atelier de L-C à la rue Nungesser-et-Coli, organisée par Louis Carré. Publication de l'ouvrage «La ville radieuse» et «Air Craft» (Londres). Conférence tumultueuse à la salle Pleyel, à Paris.

1936 Deuxième voyage en Amérique latine. Consultations pour Niemeyer, Costa et Reidy à Rio de Janeiro pour l'édification du ministère de l'Education.

A la «Maison de la Culture» à Paris: entretiens avec Fernand Léger et Louis Aragon sur «la Querelle du Réalisme».

1937 Publication du livre «Quand les cathédrales étaient blanches / Voyage au pays des timides». Cinquième congrès CIAM à Paris et édification du pavillon de L-C «Les temps nouveaux» à l'exposition internationale d'art et de technique. La France confère à L-C l'ordre de la Légion d'honneur.

1938 Publication du troisième volume des «Œuvres complètes 1934–1938» par Max Bill chez H.

Girsberger, éditeur à Zurich. Sommaire à la page 205.

1938 L-C peintre: Expositions au Kunsthaus de Zurich et chez Louis Carré à Paris. Publication de la brochure: «Des canons, des munitions? — Merci! des logis ... s.v.p.!» Au cours d'une villégiature au Cap Martin, en août, L-C eut un grave accident dans la mer, provoqué par une hélice.

1939 Publication du livre «Le Lyrisme des Temps nouveaux et l'Urbanisme». André Wogenscky, collaborateur à l'atelier L-C.

1940 Paris est occupé le 14 juin par l'armée allemande. L-C se replie avec sa femme et Pierre Jeanneret dans les Pyrénées. En novembre Pierre Jeanneret participe à Grenoble à la résistance.

1941 Publication des livres «Destin de Paris» et «Sur les quatre routes». Séjour à Vichy, où il fait ses offres au gouvernement d'alors pour la reconstruction.

Inauguration d'une exposition de gouaches à la galerie W. Boesiger à Zurich en présence de L-C.

1942 Premières études pour le «Modulor». Publication de la brochure «Les constructions Murondins» et du livre «La Maison des Hommes» (L-C et François de Pierrefeu).

Voyage à Alger où le plan directeur de L-C est refusé définitivement par le groupe CIAM-Alger et les autorités. A Paris, fondation de «l'Ascoral» (Assemblée de constructeurs pour une rénovation architecturale), organisation sœur des CIAM.

1943 Publication des livres «Entretien avec les Etudiants des Ecoles d'Architecture» et «La Charte d'Athènes», avec préface de Giraudoux.

1945 Publication des livres «Les trois établissements humains», «Manière de penser l'urbanisme» et «Propos d'urbanisme». Aménagement de l'exposition «La France d'Outremer» à Paris. Après la libération de Paris, son atelier de la rue de Sèvres est appelé ATBAT (Atelier des Bâtisseurs). L-C est nommé urbaniste en chef de la région La Rochelle–La Pallice. Un contrat avec le ministère de la Reconstruction est signé à Paris pour l'édification d'une unité d'habitation à Marseille. L-C se rend aux Etats-Unis en compagnie de Claudius Petit, Sive, Emery, Hanning et Bodiansky pour étudier l'architecture américaine des temps présents.

1946 Publication du quatrième volume des «Œuvres complètes 1938–1946» par W. Boesiger chez H. Girsberger, éditeur à Zurich. Sommaire à la page 206.

1946 L-C se rend derechef à New York, cette fois comme membre de la commission d'étude pour le siège de l'ONU. Rencontre avec Albert Einstein à Princeton.

1947 Exposition à Vienne. Le projet 23A de L-C pour le palais de l'ONU à New York est accepté. K. Harrison est chargé de l'exécution. Voyage à Bogota. Sixième congrès CIAM à Bridgwater. (Présentation de la

«Grille CIAM».) Dans son atelier rue de Sèvres à Paris L-C compose un grand panneau mural. Les premières sculptures sur bois sont réalisées avec la collaboration du menuisier breton, Joseph Savina.

1948 Les études pour le «Modulor» sont achevées.

Grandes expositions aux Etats-Unis, organisées par l'institut d'art contemporain de Boston. L-C peint le grand panneau mural au foyer du pavillon Suisse de la Cité universitaire à Paris. Premiers projets de tapisserie.

1949 Septième congrès CIAM à Bergame.

1950 Publication des livres «Le Modulor I» et «Poésie sur Alger». Premières études de la chapelle de Ronchamp. L-C reçoit une délégation du Pendjab (Inde) pour l'inviter à faire les plans de la capitale de Chandigarh.

1951 L-C est nommé Conseiller architectural du Gouvernement pour l'édification de Chandigarh. Construction du Capitole. L-C se rend aux Indes avec Pierre Jeanneret, le 18 février. Commandes pour la ville d'Ahmedabad. L-C décline la commande du palais de l'Unesco à Paris.

1952 Publication du cinquième volume des «Œuvres complètes 1946–1952» par W. Boesiger chez H. Girsberger, éditeur à Zurich. Sommaire à la page 206.

1952 L-C, à son retour des Indes, visite pour la première fois l'Egypte (Gizeh).

Début de la construction de la ville de Chandigarh.

Inauguration de la première unité d'habitation à Marseille par le ministre de la Reconstruction, M. Claudius Petit. L-C est promu commandeur de la Légion d'honneur. Le père Couturier étudie avec L-C la construction d'un couvent à Eveux. Sur son terrain au bord de la mer au Cap Martin (Midi de la France) L-C construit sa cabane.

1953 Exposition de peintures et de sculptures au musée national d'Art moderne à Paris. Exposition à Londres. Neuvième congrès CIAM à Aix-en-Provence. L'Unité d'habitation à Marseille soulève les critiques d'une partie de la presse mondiale.

1954 Exposition d'œuvres de L-C à Berne, à Côme. Dans la série «Les Cahiers de la Recherche patiente» l'éditeur Girsberger de Zurich publie la brochure «Une petite maison».

1955 Consécration de la chapelle de N-D du Haut à Ronchamp. Deux nouvelles publications: «Le Poème de l'Angle droit», 19 lithographies en couleurs, Editions Verve à Paris et «Modulor 2».

Attribution du doctorat honoris causa de l'Ecole polytechnique de Zurich.

1956 L'Institut de France offre à L-C une chaire à l'Ecole des Beaux-Arts, ce qu'il refuse.

L-C remet au premier ministre Nehru, lors d'une manifestation solennelle, le premier bâtiment achevé du Capitole, le palais de Justice. Conférence à Bagdad. Ouverture de l'exposition de Lyon. Dixième congrès des CIAM à Dubrovnik. Publication «Les plans Le Corbusier de Paris 1956–1922» (les Editions de Minuit).

1957 Publication du sixième volume des «Œuvres complètes 1952–1957» par W. Boesiger chez H. Girsberger à Zurich. Sommaire à la page 206.

1957 En présence de L.-C, vernissage de la grande exposition itinérante organisée par W. Boesiger au Kunsthaus de Zurich. Cette exposition fait le tour du monde pendant quatre ans. L.-C fait don à l'Etat français de toute la documentation photographique et des maquettes de cette exposition.
Exposition des tapisseries à La Chaux-de-Fonds (Suisse).
Mort de Madame Yvonne Le Corbusier.

1958 Onzième et dernier congrès CIAM à Otterlo.
L.-C inspecte le terrain à Cambridge (Mass., Etats-Unis) où doit s'édifier le centre des arts visuels de la fondation Carpenter.

1959 Université de Cambridge, Grande-Bretagne: Médaille du mérite, décernée par la reine Elisabeth et Médaille d'or de l'Institut royal des Architectes britanniques (en même temps qu'à Henri Moore).

1960 Publication du premier volume résumant «Œuvres complètes 1910–1960» par W. Boesiger et H. Girsberger chez Girsberger, éditeur à Zurich.

1960 Publications: *«L'Atelier de la Recherche patiente»* et *«Petites confidences»* (10 lithographies en noir et blanc).
Consécration du couvent de la Tourette, le 19 octobre.
La mère de L.-C meurt à Vevey (Suisse) à l'âge de 100 ans.

1961 José Luis Sert exécute d'après les plans de L.-C le centre des arts visuels de la fondation Carpenter à Cambridge (Etats-Unis). Divers voyages à Firminy, où se construisent la «Maison des Jeunes» et une unité d'habitation. Les cartons de sept tapisseries destinés au palais de Justice de Chandigarh sont terminés, volume 8, pages 120–130.

1962 Exposition rétrospective au musée national d'Art moderne à Paris. A Chandigarh le Parlement est inauguré. Premières études pour la «Maison de l'Homme» à Zurich.

1963 Exposition rétrospective au palais Strozzi à Florence. Rencontre avec l'archevêque Lercaro pour l'édification d'une église à Bologne (sans succès). Par décret du 30 décembre 1963 L.-C obtient la plus haute distinction décernée par l'Etat français, l'ordre du grand officier de la Légion d'honneur.

1964 Elaboration de grands projets: le palais des congrès à Strasbourg (Parlement de l'Europe), l'Ambassade de France à Brasilia, Olivetti à Milan: deuxième projet d'un centre de calcul électronique à Rho.

1965 Publication du septième volume des «Œuvres complètes 1957–1965» par W. Boesiger chez H. Girsberger, éditeur à Zurich. Sommaire à la page 207.

1965 L.-C présente à Venise les plans d'un hôpital. Préparation de la publication «Le voyage d'Orient, 1910».
L.-C passe ses vacances d'été habituelles au Cap Martin (Midi de la France), où, à la suite d'une crise cardiaque en se baignant dans la mer, il meurt le 27 août à onze heures.

1967 Publication du deuxième volume résumant «Œuvres complètes 1910–1965» par W. Boesiger et H. Girsberger, aux Editions d'Architecture, Artemis, à Zurich. Sommaire à la page 208.

1968 La fondation L.-C, instituée par lui-même, commence à Paris son activité officielle.

1970 Publication du huitième volume des «Œuvres complètes», contenant les derniers travaux, par W. Boesiger, aux Editions d'Architecture, Artemis, à Zurich. Sommaire à la page 5 de cette édition.

Le Corbusier: Biographical Notes

The following chronology is not intended to be an exhaustively complete record of the life and work of the Master.

1887 Charles-Edouard Jeanneret was born in La Chaux-de-Fonds on October 6.
In 1920 he adopted the pseudonym *Le Corbusier*. This appears below in the abbreviated form L-C.
His father and grandfather were engravers, his mother, whose maiden name was Perret, a musician. The house in which he was born is in the rue de la Serre 38 in La Chaux-de-Fonds (in the Jura, Canton of Neuchâtel, Switzerland).
The Jeannerets came from the South of France and were allegedly Albigenses (a sect taking its name from the city of Albi in the southern French Department of Tarn). In the 12th and 13th centuries they repudiated the Catholic Church and were persecuted. In the 16th century the Jeannerets, as Huguenots, emigrated into the Jura (Switzerland). In 1930 L-C again obtained French citizenship.
These facts are significant, for they explain L-C's temperamental affinity with the Mediterranean region, and, not least, his fighting spirit as well.

1900 L-C enters the School of Applied Arts of La Chaux-de-Fonds as an engraver-chaser. Deeply influenced by the teacher and painter l'Eplattenier, the new movement in painting and interest in architecture.

1904 Enters the "Cours supérieurs de Décoration", then new, with l'Eplattenier as director.

1905 The first building assignment, the Villa Fallet, in La Chaux-de-Fonds.

1907 First extensive journey abroad, to northern Italy, Tuscany, where L-C is greatly impressed by the Carthusian monastery of Ema in Galluzzo. Then he goes on to Siena, Ravenna, and, via Budapest, to Vienna. Here L-C works for several months with Josef Hoffmann (Wiener Werkstätten) and becomes acquainted with the revolutionary ideas of the architect Adolf Loos.

1908 Journey from Vienna via Nuremberg, Munich and Nancy to Paris for the first time. Here he gets to know Jourdain, Grasset, Sauvage and others. At this time L-C is said to have visited Tony Garnier in Lyons («Vers une Architecture»). Until the spring of 1909 L-C works with Auguste Perret, where he for the first time familiarizes himself with the principles of reinforced concrete construction.

1909 L-C returns to La Chaux-de-Fonds, where he helps to found the "Ateliers d'art réunis".

1910 This institute sends him on an educational trip to Germany in order to establish contact with the leaders of the German Werkbund. In this connection there appears L-C's first published work *"Etude sur le mouvement*

d'art décoratif en Allemagne" (1912). For five months L-C works with the architect Peter Behrens in Berlin. Contacts with Walter Gropius, Mies van der Rohe, Heinrich Tessenow, Wolf Dohrn, among others. At the same time L-C's only brother Albert Jeanneret is living in Germany as a musician and working with Jaques-Dalcroze in the J. D. School of Rhythmics in Hellerau.

1911 Journey to Central Europe and the Balkans, along with August Klipstein (Berne), then a student of art history: Vienna, Budapest, Romania, Turkey, Greece (sojourn of three weeks on Mt. Athos), then in October, Pompeii, Naples, Rome, Florence. L-C wrote up his impressions of this trip for the "Feuille d'Avis de La Chaux-de-Fonds"; in 1966 these essays appeared in book form under the title *"Voyage d'Orient"*.
L-C becomes a teacher in the "Nouvelle Section de l'Ecole d'Art" in La Chaux-de-Fonds.

1912 Trips to Zurich and Paris. In the Salon d'Automne L-C for the first time exhibits a series of travel sketches and water colours (1907–1913) under the title "Langage des pierres".
Two villa projects: his father's house in La Chaux-de-Fonds and the Favre-Jacot house in Le Locle.

1914 Dissolution of the "Nouvelle Section de l'Ecole d'Art" founded by l'Eplattenier. "Domino" serial house (Œuvres complètes 1).

1916 Commencement of building on the last private home in La Chaux-de-Fonds by L-C, the Schwob house.
Villa on the sea project (Œuvres complètes 1).

1917 L-C settles definitively in Paris and until 1933 resides in the rue Jacob; Atelier rue Astor.

1918 At a function organized by the group "Art et Liberté" L-C becomes acquainted with the painter Amédée Ozenfant, with whom he edits the publication *"Après le Cubisme"*. Joint exhibition of their pictures in the Galerie Thomas, rue de Penthièvre in Paris.

1919 Toward the end of the year the journal *"L'Esprit Nouveau"* is founded, with L-C, Ozenfant and the writer Paul Dermée. Editorial office in the rue du Cherche-Midi.
This *"Revue de l'activité contemporaine"* appears, in a total of 28 issues, from 1920 to 1925.

1920 On October 15 there appears the first issue of *"L'Esprit Nouveau"*. A success. For his series of articles L-C for the first time employs his pseudonym Le Corbusier-Saugnier. Saugnier is the pseudonym of Ozenfant, but after a short time this is no longer used. L-C signs alone. He takes the name L-C from one of his ancestors. In this year he makes friends with Fernand Léger.

1921 L-C exhibits a number of pictures in the Galerie Druet, Paris. Contacts with Raoul La Roche, who collects the works of the Cubists.

1922 With his cousin Pierre Jeanneret (Geneva) L-C moves to 35 rue de Sèvres in Paris. They install their studio on the first floor of a Jesuit cloister. It is a long corridor which looks onto a large interior courtyard. With the outbreak of war in 1940 the Atelier has to be given up for a long time, and after the end of the war Pierre Jeanneret does not return to rue de Sèvres. L-C, however, remains there until his death in 1965.
Exhibition in the "Salon d'Automne" and in the "Salon des Indépendants".
First lecture at the Sorbonne in Paris.

1923 The work *"Vers une Architecture"* appears in the form of a summary of the series of articles in *"L'Esprit Nouveau"*. Exhibition of paintings in the Galerie Léonce Rosenberg, Paris.

1924 Jean Badovici regularly publishes plans and buildings from the Atelier L-C and P.J., in *"Architecture vivante"* (Albert Morancé, Publishers, Paris), until 1938.

1925 Construction of the "Pavillon de l'Esprit Nouveau" at the "Exposition internationale des Arts décoratifs" in Paris (Œuvres complètes, Vol. 1, pages 100–108).
The journal *"L'Esprit Nouveau"* ceases to appear. L-C publishes the works *"Urbanisme"*, *"L'Art décoratif d'aujourd'hui"* and *"La Peinture moderne"* (with Ozenfant). Gertrude Stein acquaints L-C with Minister de Monzie.

1926 On April 11 L-C's father dies. Publication of *"Almanach d'architecture moderne"*.

1927 Submission of the competition project "Palais des Nations" for Geneva. Awarding of the first prize ex aequo. Scandal regarding the jury. L-C gives lectures in Madrid and Barcelona and shows great interest in the work of Antonio Gaudí. Further lectures in Frankfurt and Brussels.

1928 Lectures in South America, Journey to Moscow. In June foundation of the "Congrès Internationaux d'Architecture Moderne" (CIAM) at La Sarraz Castle, under the patronage of Mrs. H. de Mandrot. Fernand Léger in Berlin delivers a paper on L-C. In autumn publication of the work *"Une maison – un palais"*.

1929 "Salon d'Automne" exhibition of new furniture and seats. Second CIAM Congress in Frankfurt a/M. First journey to Algiers.

1929 Publication of the first volume of the "Œuvres complètes 1910–1929" by W. Boesiger and Stonorow, Dr. H. Girsberger, Publisher, Zurich. Table of Contents on page 205.

1930 Publication of the work *"Précisions sur un état présent de l'architecture et de l'urbanisme"*. Third CIAM Congress in Brussels. Participation in the newly established journal "Plan". Trip to Spain.
L-C becomes a French citizen and marries Yvonne Gallis of Monaco.

1931 Participation in a limited competition for the Soviet Palace. Cooperation on the review "Plan" (1931/32). The CIRPAC Congress in Barcelona. Motor trip with Pierre Jeanneret to Spain, Morocco, Algiers, Marseilles.

1932 Public demonstration in the Salle Wagram (Paris), organized by the Ecole des Beaux-Arts and the Ecole polytechnique on the rehabilitation of L-C. Publication of the work *"Croisade ou le Crépuscule des Académies"*.
Various lectures in the large Börsensaal in Zurich.

1933 Participation on the journal *"Préludes"*. L-C moves from rue Jacob into the studio-garret on rue Nungesser-et-Coli. Receives honorary doctorate of the University of Zurich. Fourth CIAM Congress in Athens, combined with a sea voyage. Formulation of the "Athens Charter". Algiers: "Exposition de la Cité Moderne – Plan Obus". Lectures in Stockholm, Oslo, Göteborg and Antwerp.

1934 Publication of the second volume of the "Œuvres complètes 1929–1934" by W. Boesiger, Dr. H. Girsberger, Publisher, Zurich. Table of Contents on page 205.

1934 Trips to Algiers. Lectures in Rome, Milan, Barcelona. L-C takes part in the Symposiun in Venice on "Art and State", organized by the "Institut international de Coopération intellectuelle de la Société des Nations".

1935 L-C travels for the first time to the USA, at the invitation of the Museum of Modern Art in New York and of Nelson Rockefeller. Lecture tours: New York (Columbia University), Yale, Boston, Chicago, Madison, Philadelphia, Hartford, Vassar College, etc.
Exhibition "Art primitif" in L-C's Atelier in rue Nungesser-et-Coli, organized by Louis Carré. Publication of the work "La ville radieuse" and "Air Craft" (London). Lecture accompanied by uproar in the Salle Pleyel in Paris.

1936 Second journey to South America. Consultations with Niemeyer, Costa and Reidy in Rio de Janeiro for the construction of the Education Ministry building. In the "Maison de la Culture" in Paris, conversations together with Fernand Léger and Louis Aragon on "La Querelle du Réalisme".

1937 Publication of the work *"Quand les cathédrales étaient blanches / Voyage au pays des timides"*. Fifth CIAM Congress in Paris, combined with L-C's "Pavillon des Temps Nouveaux" at the "Exposition internationale d'art et de technique".
The French State makes L-C a Chevalier of the Legion of Honour.

1938 Publication of the third volume of the "Œuvres complètes 1934–1938" by Max Bill, Dr. H. Girsberger, Publisher, Zurich. Table of Contents on page 205.

1938 L-C as painter: exhibitions in the Kunsthaus, Zurich, and at Louis Carré's in Paris. Publication of the work *"Des canons, des munitions? – Merci! des logis . . . s.v.p.!"* During his holiday in August in Cap Martin L-C suffers a severe bathing accident, caused by a ship's propeller.

1939 Publication of the work *"Le Lyrisme des Temps nouveaux et l'Urbanisme"*. André Wogenscky becomes an associate in L-C's Atelier.

1940 On June 14 Paris is occupied by German troops. L-C flees with his wife and with Pierre Jeanneret to the Pyrenees. In November Pierre Jeanneret goes to Grenoble to join the Resistance.

1941 Publication of the works *"Destin de Paris"* and *"Sur les quatre routes"*. Stay in Vichy, where he tries to present reconstruction plans to the government installed there. Opening of a gouache exhibition in the Galerie W. Boesiger in Zurich, with L-C present.

1942 First studies of the "Modulor". Publication of the booklet *"Les constructions Murondins"* and the work *"La Maison des Hommes"* (L-C and François de Pierrefeu). Trip to Algiers, where L-C's "Plan Directeur" is definitively rejected by the CIAM Algiers group and the municipal authorities. In Paris, foundation of the "Ascoral" (Assemblée de constructeurs pour une rénovation architecturale), an organization paralleling the CIAM.

1943 Publication of the works *"Entretien avec les Etudiants des Ecoles d'Architecture"* and *"La Charte d'Athènes"* with an introduction by Giraudoux.

1945 Publication of the works *"Les trois établissements humains"*, *"Manière de penser l'urbanisme"* and *"Propos d'urbanisme"*. Design of exhibition "La France d'Outremer" in Paris. After the liberation of Paris, his Atelier in rue de Sèvres is called ATBAT (Atelier des Bâtisseurs). L-C becomes Chief Townplanner of the region of La Rochelle-Pallice. An agreement is concluded with the Ministry of Reconstruction in Paris for an "Unité d'habitation" in Marseilles. L-C travels, together with Claudius Petit, Sive, Emery, Hanning and Bodiansky to the USA to study modern American architecture.

1946 Publication of the fourth volume of the "Œuvres complètes 1938–1946" by W. Boesiger, Dr. H. Girsberger, Publisher, Zurich. Table of Contents on page 206.

1946 L-C again travels to New York, this time as a delegate to study the problem of a UN Headquarters. Meets Albert Einstein in Princeton.

1947 Exhibition in Vienna. The Project 23A by L-C for the UN Headquarters in New York is accepted. K. Harrison assumes the execution of the project. Trip to Bogotá. Sixth CIAM Congress in Bridgwater. Presentation of the "CIAM Grille". L-C paints the large mural in his Atelier rue de Sèvres. There appear the first woodcarvings in cooperation with the Breton joiner Joseph Savina.

1948 The studies on the "Modulor" are finished. Important exhibitions in the USA organized by the Institute of Contemporary Art in Boston. L-C paints the large mural composition for the foyer in the "Pavillon Suisse" of the Cité universitaire in Paris. The first tapestry designs.

1949 Seventh CIAM Congress in Bergamo.

1950 Publication of the works *"Le Modulor I"* and *"Poésie sur Alger"*. First studies for the Chapel in Ronchamp. L-C is visited by a delegation from Punjab (India), who seek to enlist him for the planning of the city of Chandigarh.

1951 L-C is nominated Government Architectural Adviser for the construction of Chandigarh. Building of the Capitol. L-C sets out on February 18 with Pierre Jeanneret for India. Assignments for the city of Ahmedabad (India). L-C rejects the commission for the Unesco Building in Paris.

1952 Publication of the fifth volume of the "Œuvres complètes 1946–1952" by W. Boesiger, Dr. H. Girsberger, Zurich. Table of Contents on page 206.

1952 L-C, on his return from India, visits for the first time Egypt (Giza). Commencement of building of the city of Chandigarh (India). Dedication of the first "Unité d'habitation" by the Reconstruction Minister Eugène Claudius Petit in Marseilles. L-C is promoted to Commandeur of the Legion of Honour. Père Couturier discusses with L-C the construction of a monastery in Eveux. L-C builds his hut on his plot by the sea on Cap Martin (South of France).

1953 Exhibition of paintings and sculptures in the "Musée National d'Art Moderne" in Paris. Also an exhibition in London. Ninth CIAM Congress in Aix-en-Provence. The "Unité" of Marseilles is sharply criticized in part of the international press.

1954 L-C Exhibitions in Berne and Como. From the series "Les Cahiers de la Recherche patiente" there appears the first booklet "Une petite Maison", Girsberger Publishers, Zurich.

1955 Dedication of the Chapel of N.D. du Haut in Ronchamp. Two new publications: *"Le Poème de l'Angle droit"*, 19 lithographs in colour, Editions Verve, Paris, and *"Modulor 2"*.
Receives honorary doctorate of the Swiss Federal Institute of Technology, Zurich.

1956 The "Institut de France" offers L-C a chair at the "Ecole des Beaux-Arts", which, however, he declines. L-C presents to Prime Minister Nehru at a solemn ceremony the first completed building of the Capitol, the Palace of Justice. Lecture in Baghdad. Opening of the exhibition in Lyons. Tenth CIAM Congress in Dubrovnik. Comprehensive publication "Les plans Le Corbusier de Paris 1956–1922" (les Editions de Minuit).

1957 **Publication of the sixth volume of the "Œuvres complètes 1952–1957" by W. Boesiger, Dr. H. Girsberger, Publisher, Zurich. Table of Contents on page 206.**

1957 In the presence of L-C, opening of the great travelling exhibition by W. Boesiger in the Kunsthaus, Zurich. It travels about the world for four years. L-C donates the extensive photographic material and the models of this exhibition to the French State. Exhibition of tapestries in La Chaux-de-Fonds (Switzerland).
Death of Mrs. Yvonne Le Corbusier.

1958 Eleventh and last CIAM Congress in Otterlo. L-C in Cambridge, Mass., USA, visits the site for the building of the Carpenter Center for Visual Arts.

1959 University of Cambridge. Service Medal of Queen Elizabeth and the Gold Medal of the Royal Institute of British Architects (together with Henry Moore).

1960 **Publication of the first omnibus volume of the "Œuvres complètes 1910–1960" by Boesiger and Girsberger, Dr. H. Girsberger, Publisher, Zurich.**

1960 Publications: *"L'Atelier de la Recherche patiente"* and *"Petites confidences"* (10 black-and-white lithographs). On October 19 the cloister "La Tourette" is dedicated. L-C's mother dies in Vevey (Switzerland) at the age of 100.

1961 José Luis Sert, following the plans of L-C, builds the Carpenter Center for Visual Arts in Cambridge, USA. Various journeys to Firminy, where the "Maison des Jeunes" is under construction and an "Unité" is planned. The designs for seven tapestries for the Palace of Justice in Chandigarh are completed, volume 8, pages 120–130.

1962 Retrospective exhibition in the "Musée National d'Art Moderne" in Paris. In Chandigarh the Parliament Building is inaugurated. Beginning of the preliminary studies for the "Maison de l'Homme" in Zurich.

1963 Retrospective exhibition in the Palazzo Strozzi in Florence. Meeting with Archbishop Lercaro to discuss the realization of a church in Bologna (without success). By decree dated December 30, 1963, L-C receives the highest honour that can be bestowed by the French State, the Order of "Grand Officier" of the Legion of Honour.

1964 Elaboration of important projects: Congress Palace for Strasbourg (Parliament of Europe), French Embassy building for Brasilia, Olivetti in Milan, second version of an electronic computing centre in Rho.

1965 **Publication of the seventh volume of the "Œuvres complètes 1957–1965" by W. Boesiger, Dr. H. Girsberger, Zurich. Table of Contents on page 207.**

1965 L-C submits in Venice the plans for a hospital construction. Preparations for a publication of "Le voyage d'Orient, 1910".
L-C spends his customary summer holidays in Cap Martin (South of France), where as a consequence of a heart attack suffered while bathing in the sea, he dies, at 11 o'clock in the morning, August 27.

1967 **Publication of the second omnibus volume of the "Œuvres complètes 1910–1965" by W. Boesiger and H. Girsberger, Architectural Publishers, Artemis, Zurich. Table of Contents on page 208.**

1968 The "Fondation" created by L-C commences its official activity in Paris.

1970 **Publication of the eighth volume of the "Œuvres complètes", the final works, edited by W. Boesiger, Architectural Publishers, Artemis, Zurich. (Table of Contents on page 5 of this edition.)**

Le Corbusier: Biographische Notizen

Die nachfolgende Chronologie ist keine lückenlose Aufzeichnung über das Leben und Schaffen des Meisters.

1887 Charles-Edouard Jeanneret wurde am 6. Oktober in La Chaux-de-Fonds geboren.
Im Jahre 1920 wählte er das Pseudonym *Le Corbusier*. In den nachfolgenden Texten kurz L-C benannt.
Vater und Großvater waren Graveure, seine Mutter, eine geborene Perret, Musikerin. Das Geburtshaus befindet sich an der rue de la Serre 38 in La Chaux-de-Fonds (Jura, Kanton Neuenburg, Schweiz).
Die Jeannerets stammen aus dem Süden Frankreichs, waren angeblich Albigenser (eine nach der Stadt Albi im südfranzösischen Département Tarn benannte Sekte). Sie verwarfen im 12. und 13. Jahrhundert die katholische Kirche und wurden verfolgt. Im 16. Jahrhundert wanderten die Jeannerets als Hugenotten in den Jura (Schweiz) aus. L-C erhielt im Jahre 1930 wieder die französische Staatsbürgerschaft.
Diese Feststellungen sind bedeutungsvoll, denn sie erklären die temperamentvolle und geistige Verbundenheit L-C.s mit dem Mittelmeer und nicht zuletzt auch seinen Mut zum Kämpfen und Streiten.

1900 L-C tritt in die Kunstgewerbeschule von La Chaux-de-Fonds als Graveur-Ciseleur ein. Lebensbestimmende Beeinflussung durch den Lehrer und Maler l'Eplattenier: Die neue Kunstrichtung in der Malerei und das Interesse an der Architektur.

1904 Eintritt in die «Cours supérieurs de Décoration», eine damalige Neugründung mit l'Eplattenier als Direktor.

1905 Der erste Bauauftrag, die Villa Fallet in La Chaux-de-Fonds.

1907 Erste längere Auslandsreise nach Norditalien, Toscana, wo L-C von der Kartause Ema in Galluzzo sehr beeindruckt wird. Dann geht die Studienreise weiter nach Siena, Ravenna und über Budapest nach Wien. Hier arbeitet L-C einige Monate bei Josef Hoffmann (Wiener Werkstätten) und erhält Kenntnis von den umwälzenden Ideen des Architekten Adolf Loos.

1908 Reise von Wien über Nürnberg, München, Nancy erstmals nach Paris. Hier lernt er Jourdain, Grasset, Sauvage und andere kennen. Angeblich besucht L-C zu dieser Zeit auch Tony Garnier in Lyon («Vers une Architecture»).
Bis zum Frühjahr 1909 arbeitet L-C bei Auguste Perret, wo er sich erstmals mit dem Eisenbetonbau vertraut machen kann.

1909 L-C kehrt nach La Chaux-de-Fonds zurück, wo er die «Ateliers d'art réunis» mitbegründet.

1910 Dieses Institut beauftragt ihn zu Studienreisen nach Deutschland, um Kontakte mit den Spitzen des Deutschen Werkbundes herzustellen. In diesem Zusammenhang erscheint L-C.s erste Schrift *«Etude sur le mouvement d'art décoratif en Allemagne»* (1912). Fünf Monate arbeitet L-C bei Architekt Peter Behrens in Berlin. Kontakte mit Walter Gropius, Mies van der Rohe, Heinrich Tessenow, Wolf Dohrn und anderen. Zur selben Zeit lebt auch L-C.s einziger Bruder, Albert Jeanneret, als Musiker in Deutschland und arbeitet mit Jaques-Dalcroze in der J.-D.-Rhythmikschule in Hellerau.

1911 Reise nach Zentraleuropa und dem Balkan, zusammen mit dem damaligen Kunstgeschichtsstudenten August Klipstein (Bern): Wien, Budapest, Rumänien, die Türkei, Griechenland (drei Wochen Aufenthalt auf dem Berg Athos), dann im Oktober Pompeji, Neapel, Rom, Florenz. Die Eindrücke von dieser Reise schreibt L-C für das «Feuille d'Avis de La Chaux-de-Fonds». 1966 erscheinen diese Aufsätze in Buchform unter dem Titel *«Voyage d'Orient»*. L-C wird Lehrer an der «Nouvelle Section de l'Ecole d'Art» in La Chaux-de-Fonds.

1912 Reisen nach Zürich und Paris. Im Salon d'Automne zeigt L-C erstmals eine Serie von Reiseskizzen und Aquarellen (1907–1913) unter dem Titel «Langage des pierres».
Zwei Villenbauten: das väterliche Haus in La Chaux-de-Fonds an der rue de la Montagne und das Haus Favre-Jacot in Le Locle.

1914 Auflösung der von l'Eplattenier gegründeten «Nouvelle Section de l'Ecole d'Art».
Serienhaus «Domino» (Œuvres complètes 1).

1916 Baubeginn des letzten von L-C in La Chaux-de-Fonds ausgeführten Privathauses Schwob.
Projekt Villa am Meer (Œuvres complètes 1).

1917 L-C siedelt endgültig nach Paris über und wohnt bis 1933 an der rue Jacob; Atelier rue Astor.

1918 An einer Veranstaltung der Gruppe «Art et Liberté» lernt L-C den Maler Amédée Ozenfant kennen, mit welchem er die Publikation *«Après le Cubisme»* redigiert. Gemeinsame Ausstellung ihrer Bilder in der Galerie Thomas, rue de Penthièvre in Paris.

1919 Gegen Jahresende erfolgt die Gründung der Zeitschrift *«L'Esprit Nouveau»* mit L-C, Ozenfant und dem Dichter Paul Dermée. Redaktion an der rue du Cherche-Midi. Diese *«Revue de l'Activité Contemporaine»* erscheint von 1920 bis 1925 in total 28 Heften.

1920 Am 15. Oktober erscheint die erste Nummer des *«Esprit Nouveau»*. Ein Erfolg. Für seine Artikelserien verwendet L-C erstmals sein Pseudonym Le Corbusier-Saugnier. Saugnier ist das Pseudonym von Ozenfant, das aber nach kurzer Zeit nicht mehr verwendet wird. L-C signiert allein. Den Namen L-C leiht er bei einem seiner Vorfahren. In diesem Jahr befreundet er sich mit Fernand Léger.

1921 L-C stellt eine Anzahl Bilder in der Galerie Druet Paris aus. Kontakte mit Raoul La Roche, der kubistische Werke sammelt.

1922 Mit seinem Vetter Pierre Jeanneret (Genf) zieht L-C an die rue de Sèvres 35 in Paris. Sie richten im ersten Stock eines Jesuitenklosters ihr Atelier ein. Es ist ein langer Korridor, der nach einem großen Innenhof schaut. Bei Kriegsbeginn im Jahre 1940 muß das Atelier für längere Zeit verlassen werden, und Pierre Jeanneret kehrt nach Kriegsende nicht mehr an die rue de Sèvres zurück. L-C jedoch bleibt bis zu seinem Tode im Jahre 1965 dort. Ausstellung im «Salon d'Automne» und im «Salon des Indépendants». Erster Vortrag an der Sorbonne in Paris.

1923 In einer Zusammenfassung der Artikelserien im *«Esprit Nouveau»* erscheint das Buch *«Vers une Architecture»*. Gemäldeausstellung in der Galerie Léonce Rosenberg, Paris.

1924 Jean Badovici publiziert in *«Architecture vivante»* (Verlag Albert Morancé, Paris) bis zum Jahre 1938 regelmäßig Projekte und Bauten aus dem Atelier L-C et P.J.

1925 Bau des «Pavillon de l'Esprit Nouveau» an der Exposition internationale des Arts décoratifs in Paris. (Œuvres complètes 1, Seite 100–108).
Die Zeitschrift *«L'Esprit Nouveau»* stellt ihr Erscheinen ein. L-C veröffentlicht die Bücher *«Urbanisme»*, *«L'Art décoratif d'aujourd'hui»* und *«La Peinture moderne»* (mit Ozenfant). Gertrude Stein macht L-C mit Minister de Monzie bekannt.

1926 Am 11. April stirbt der Vater von L-C. Publikation von *«Almanach d'architecture moderne»*.

1927 Abgabe des Wettbewerbprojektes «Palais des Nations» für Genf. Zuerkennung des ersten Preises ex aequo. Skandal um die Jury. L-C hält Vorträge in Madrid, Barcelona und zeigt großes Interesse an den Werken von Antonio Gaudí. Weitere Vorträge in Frankfurt und Brüssel.

1928 Vorträge in Südamerika. Reise nach Moskau. Im Juni Gründung der «Congrès Internationaux d'Architecture Moderne» (CIAM) auf Schloß La Sarraz, unter dem Patronat von Madame H. de Mandrot. Fernand Léger hält in Berlin einen Vortrag über L-C. Im Herbst Publikation des Buches *«Une maison – un palais»*.

1929 «Salon d'Automne» Ausstellung neuer Möbel und Sitzmöbel. 2. CIAM-Kongreß in Frankfurt am Main. Erste Reise nach Algier.

1929 **Publikation des ersten Bandes «Œuvres complètes 1910–1929» von W. Boesiger und Stonorow im Verlag Dr. H. Girsberger in Zürich. Inhaltsverzeichnis auf Seite 205.**

1930 Publikation des Buches *Précisions sur un état présent de l'architecture et de l'urbanisme*. 3. CIAM-Kongreß in Brüssel. Mitarbeit an der neugegründeten Zeitschrift *«Plan»*. Reise nach Spanien.
L-C wird französischer Staatsbürger und heiratet die Monegassin Yvonne Gallis.

1931 Teilnahme an einem beschränkten Wettbewerb für den Sowjetpalast. Mitarbeit an der Revue *«Plan»* (1931/32). Der CIRPAC-Kongreß in Barcelona. Autoreise mit Pierre Jeanneret nach Spanien–Marokko–Algier–Marseille.

1932 Öffentliche Kundgebung in der Salle Wagram (Paris), veranstaltet von der Ecole des Beaux-Arts und der Ecole polytechnique zur «Rehabilitierung» von L-C. Publikation des Buches *Croisade ou le Crépuscule des Académies*.
Verschiedene Vorträge im großen Börsensaal in Zürich.

1933 Mitarbeit an der Zeitschrift *«Préludes»*. L-C zieht von der rue Jacob in die Atelier-Dachwohnung an der rue Nungesser-et-Coli um. Verleihung des Ehrendoktors der Philosophischen Fakultät II der Universität Zürich.
4. CIAM-Kongreß in Athen, verbunden mit einer Meerfahrt. Formulierung der «Charte d'Athènes». Algier: «Exposition de la Cité Moderne – Plan Obus.» Vorträge in Stockholm, Oslo, Göteborg und Antwerpen.

1934 **Publikation des zweiten Bandes «Œuvres complètes 1929–1934» von W. Boesiger im Verlag Dr. H. Girsberger in Zürich. Inhaltsverzeichnis auf Seite 205.**

1934 Reisen nach Algier. Vorträge in Rom, Mailand, Barcelona. L-C nimmt am Symposion «Kunst und Staat» in Venedig teil, veranstaltet vom «Institut international de Coopération intellectuelle de la Société des Nations».

1935 L-C reist erstmals nach den Vereinigten Staaten von Nordamerika, auf Einladung des «Museum of Modern Art» in New York und von Nelson Rockefeller. Vortragstournée: New York (Columbia University), Yale, Boston, Chicago, Madison, Philadelphia, Hartford, Vassar College usw.
Ausstellung «Art primitif» in der Atelier-Wohnung von L-C an der rue Nungesser-et-Coli, organisiert von Louis Carré. Publikation des Buches *La ville radieuse* und *Air Craft* (London). Vortrag mit Tumult in der Salle Pleyel in Paris.

1936 Zweite Reise nach Südamerika. Konsultationen mit Niemeyer, Costa und Reidy in Rio de Janeiro für den Bau des Erziehungsministeriums. Im «Maison de la Culture» in Paris Gespräche zusammen mit Fernand Léger und Louis Aragon über «La Querelle du Réalisme».

1937 Publikation des Buches *«Quand les cathédrales étaient blanches / Voyage au pays des timides»*.
5. CIAM-Kongreß in Paris, verbunden mit L-C.s Pavillon «Les temps nouveaux» an der «Exposition internationale d'art et de technique».
Der französische Staat verleiht L-C den «Chevalier de la Légion d'honneur».

1938 **Publikation des dritten Bandes «Œuvres complètes 1934–1938» von Max Bill im Verlag Dr. H. Girsberger in Zürich. Inhaltsverzeichnis auf Seite 205.**

1938 L-C als Maler: Ausstellungen im Kunsthaus Zürich und bei Louis Carré in Paris. Publikation des Buches *«Des canons, des munitions? – Merci! des logis . . . s.v.p.!»* Während seines Ferienaufenthalts im August in Cap Martin hatte L-C einen schweren Badeunfall, verursacht durch eine Schiffsschraube.

1939 Publikation des Buches *«Le Lyrisme des Temps nouveaux et l'Urbanisme»*. André Wogenscky wird Mitarbeiter im Atelier L-C.

1940 Am 14. Juni wird Paris von den deutschen Truppen besetzt. L-C flüchtet mit seiner Frau und mit Pierre Jeanneret in die Pyrenäen. Im November geht Pierre Jeanneret nach Grenoble in die Résistance.

1941 Publikation der Bücher *«Destin de Paris»* und *«Sur les quatre routes»*. Aufenthalt in Vichy, wo er sich bei der damaligen Regierung für den Wiederaufbau bewirbt. Eröffnung einer Gouache-Ausstellung in der Galerie W. Boesiger in Zürich, unter Anwesenheit von L-C.

1942 Erste Studien des «Modulor». Publikation des Heftchens *«Les constructions Murondins»* und des Buches *«La Maison des Hommes»* (L-C und François de Pierrefeu). Reise nach Algier, wo L-C.s «Plan Directeur» endgültig durch die Gruppe «CIAM-Alger» und die Stadtbehörden abgelehnt wird. In Paris Gründung der «Ascoral» (Assemblée de constructeurs pour une rénovation architecturale), einer Nebenorganisation der CIAM.

1943 Publikation der Bücher *«Entretien avec les Etudiants des Ecoles d'Architecture»* und *«La Charte d'Athènes»* mit einer Einleitung von Giraudoux.

1945 Publikation der Bücher *«Les trois établissements humains»*, *«Manière de penser l'urbanisme»* und *«Propos d'urbanisme»*.
Ausstellungsgestaltung «La France d'Outremer» in Paris.
Nach der Befreiung von Paris wird sein Atelier an der rue de Sèvres ATBAT (Atelier des Bâtisseurs) genannt.
L-C wird Urbaniste en chef der Region La Rochelle-Pallice.
Für eine «Unité d'habitation» in Marseille wird mit dem Wiederaufbauministerium in Paris ein Vertrag abgeschlossen.
L-C reist zusammen mit Claudius Petit, Sive, Emery, Hanning und Bodiansky nach den USA zum Studium der amerikanischen Architektur der Gegenwart.

1946 **Publikation des vierten Bandes «Œuvres complètes 1938–1946» von W. Boesiger im Verlag Dr. H. Girsberger in Zürich. Inhaltsverzeichnis auf Seite 206.**

1946 L-C reist wiederum nach New York, diesmal als Delegierter zum Studium eines UN-Headquarters. Begegnung mit Albert Einstein in Princeton.

1947 Ausstellung in Wien. Das Projekt 23A von L-C für das UN-Hauptquartier in New York wird angenommen. K. Harrison übernimmt die Ausführung. Reise nach Bogotá.
6. CIAM-Kongreß in Bridgwater. Präsentation des «Grille CIAM». In seinem Atelier rue de Sèvres malt L-C das große Wandbild. Es entstehen die ersten Holzplastiken in Zusammenarbeit mit dem bretonischen Tischler Joseph Savina.

1948 Die Studien zum «Modulor» sind abgeschlossen. Bedeutende Ausstellungen in den USA, organisiert durch das «Institute of Contemporary Art» in Boston. L-C malt die große Wandkomposition für das Foyer im «Pavillon Suisse» der Cité universitaire in Paris. Die ersten Tapisserieentwürfe.

1949 7. CIAM-Kongreß in Bergamo.

1950 Publikation der Bücher *Le Modulor I* und *Poésie sur Alger*. Erste Studien für die Kapelle in Ronchamp.
L-C wird von einer Delegation aus Pandschab (Indien) besucht, um zur Planung der Stadt Chandigarh gewonnen zu werden.

1951 L-C wird zum Government Architectural Adviser für den Bau von Chandigarh ernannt. Bau des Capitols.
L-C reist am 18. Februar mit Pierre Jeanneret nach Indien. Aufträge für die Stadt Ahmedabad (Indien).
L-C lehnt den Auftrag für das Unesco-Gebäude in Paris ab.

1952 **Publikation des fünften Bandes «Œuvres complètes 1946–1952» von W. Boesiger im Verlag Dr. H. Girsberger in Zürich. Inhaltsverzeichnis auf Seite 206.**

1952 L-C besucht erstmals auf seiner Rückreise aus Indien Ägypten (Gizeh). Baubeginn der Stadt Chandigarh (Indien). Einweihung der ersten «Unité d'habitation» durch den Wiederaufbauminister Eugène Claudius Petit in Marseille. L-C wird zum «Commandeur de la Légion d'honneur» befördert. Père Couturier erörtert mit L-C den Bau eines Klosters in Eveux.
Auf seinem Grundstück am Meer auf Cap Martin (Südfrankreich) baut sich L-C sein Cabanon.

1953 Ausstellung von Gemälden und Plastiken im «Musée National d'Art Moderne» in Paris. Ebenso eine Ausstellung in London. 9. CIAM-Kongreß in Aix-en-Provence. Die «Unité» von Marseille wird in einem Teil der Weltpresse heftig kritisiert.

1954 L-C-Ausstellungen in Bern und Como. Aus der Serie «Les Cahiers de la Recherche patiente» erscheint das erste Büchlein *«Une petite maison»* im Verlag Girsberger Zürich.

1955 Einweihung der Kapelle N.-D. du Haut in Ronchamp. Zwei neue Publikationen: *«Le Poème de l'Angle droit»*, 19 Lithographien in Farbe, Editions Verve Paris, und *«Modulor 2»*.
Verleihung des Ehrendoktors der Eidgenössischen Technischen Hochschule in Zürich.

1956 Das «Institut de France» bietet L-C einen Lehrstuhl an der «Ecole des Beaux-Arts» an, was er jedoch ablehnt. L-C übergibt Premierminister Nehru in einer Feier das erste fertiggestellte Gebäude des Capitols, den Justizpalast. Vortrag in Bagdad. Eröffnung der Ausstellung in Lyon. 10. CIAM-Kongreß in Dubrovnik. Zusammenfassende Publikation «Les plans Le Corbusier de Paris 1956–1922» (les Editions de Minuit).

1957 Publikation des sechsten Bandes «Œuvres complètes 1952–1957» von W. Boesiger im Verlag Dr. H. Girsberger in Zürich. Inhaltsverzeichnis auf Seite 206.

1957 In Anwesenheit von L-C Eröffnung der großen Wanderausstellung von W. Boesiger im Kunsthaus Zürich. Sie reist während vier Jahren rund um die Erde. L-C schenkt das umfangreiche Photomaterial und die Modelle dieser Ausstellung dem französischen Staat. Ausstellung von Wandteppichen in La Chaux-de-Fonds (Schweiz).
Tod von Madame Yvonne Le Corbusier.

1958 11. und letzter CIAM-Kongreß in Otterlo. L-C besichtigt in Cambridge, Mass., USA, das Gelände zum Bau des «Carpenter Center for Visual Arts».

1959 Universität Cambridge. Verdienstmedaille der Königin Elisabeth und die Goldmedaille des Royal Institute of British Architects (zusammen mit Henry Moore).

1960 Publikation des ersten Sammelbandes «Œuvres complètes 1910–1960» von W. Boesiger und H. Girsberger im Verlag Dr. H. Girsberger in Zürich.

1960 Publikationen: *«L'Atelier de la Recherche patiente»* und *«Petites confidences»* (10 Schwarzweißlithographien). Am 19. Oktober wird das Kloster «La Tourette» eingeweiht.
Die Mutter von L-C stirbt in Vevey (Schweiz) im Alter von 100 Jahren.

1961 José Luis Sert baut nach den Plänen von L-C das «Carpenter Center for Visual Arts» in Cambridge, USA. Verschiedene Reisen nach Firminy, wo das «Maison des Jeunes» im Bau ist und eine «Unité» geplant wird. Die Entwürfe für sieben Wandteppiche zum Justizpalast in Chandigarh sind fertiggestellt, Band 8, Seiten 120–130.

1962 Retrospektive Ausstellung im «Musée National d'Art Moderne» in Paris. In Chandigarh wird das Parlamentsgebäude eingeweiht. Beginn der ersten Studien für das «Maison de l'Homme» in Zürich.

1963 Retrospektive Ausstellung im Palazzo Strozzi in Florenz. Zusammenkunft mit Erzbischof Lercaro zur Realisierung einer Kirche in Bologna (ohne Erfolg). Durch ein Dekret vom 30. Dezember 1963 erhält L-C die höchste Ehrung, die der französische Staat zu vergeben hat, den Orden des «grand officier de la Légion d'honneur».

1964 Ausarbeitung bedeutender Projekte: Kongreßpalast für Straßburg (Europaparlament), Gebäude der französischen Botschaft für Brasilia, Olivetti Mailand: 2. Fassung für ein elektronisches Rechenzentrum in Rho.

1965 Publikation des siebenten Bandes «Œuvres complètes 1957–1965» von W. Boesiger im Verlag Dr. H. Girsberger in Zürich. Inhaltsverzeichnis auf Seite 207.

1965 L-C unterbreitet in Venedig die Pläne für einen Spitalbau. Redaktionelle Vorarbeiten für eine Publikation «Le voyage d'Orient, 1910».
L-C verbringt traditionsgemäß seine Sommerferien in Cap Martin (Südfrankreich), wo er beim Baden im Meer, infolge eines Herzschlages, am 27. August vormittags um 11 Uhr stirbt.

1967 Publikation des zweiten Sammelbandes «Œuvres complètes 1910–1965» von W. Boesiger und H. Girsberger im Verlag für Architektur, Artemis, in Zürich. Inhaltsverzeichnis auf Seite 208.

1968 Die von L-C geschaffene «Fondation» beginnt ihre offizielle Tätigkeit in Paris.

1970 Publikation des achten Bandes «Œuvres complètes, die letzten Werke», herausgegeben von W. Boesiger im Verlag für Architektur, Artemis, in Zürich. Inhaltsverzeichnis auf Seite 5 dieser Ausgabe.

Le Corbusier & Pierre Jeanneret   Œuvres complètes en 8 volumes

Vol. 7 1957–1965

Publié par W. Boesiger

Vol. 8 Les dernières Œuvres

Publié par W. Boesiger

Œuvres complètes 1910–1965

Publié par W. Boesiger et H. Girsberger